\ 苦手さのある子も 夢中 になる /

特別支援教育

算数遊び & 教材アイデア

中道 貴洋 著
Nakamichi Takahiro

明治図書

はじめに

　子どもに勉強好きになってほしい。自分から勉強する子になってほしい。多くの方が一度はそう思ったことがあるのではないでしょうか。信じ難いかもしれませんが実は多くの子どもも同じように思っています。楽しく学びたい。どんどんわかることを増やして成長したい。言葉にするか否かは別にして，こうした欲求を僕たち人間は生まれながらに持っています。赤ちゃんを見ているとそれがよくわかりますよね。次々と目に映ったものに興味を示し，触って舐めて叩いてそれが何かを確かめます。この生まれながらに持っている成長しようとする力「好奇心」を刺激し，子どもが自ら学んで成長していく。そして「自信」を身につけていく。そんな夢のような成長プロセスを叶えるため，僕はこれまでに10年以上試行錯誤を続け，膨大な数の教材や学習アイデアを生み出してきました。その中から「算数的な力」が育つもの62個を厳選し，皆さんが明日から実践できるようにまとめたものが本書になります。

　「子どもとの信頼関係を築きながら，子どもが安心して楽しく学び，子どもの成長へ適切につなげていく」。そんな理想的な学習を実現するためにどうすれば良いかを具体的に示したものが本書で紹介する教材やアイデアです。その根底には「遊びで学ぶことが非常に重要である」という考えがあります。では，なぜ遊びで学ぶことが重要なのでしょうか？それは遊びで学ぶことによって，子どもが「主体的な学習者」となるからです。

　「アクティブ・ラーニング」という言葉が広まり始めてから，教科書やプリントの問題を提示し，大人が一方的に解き方や答えを教授する学習方法からの脱却が日本各地で図られてきました。しかし中には「活動あって学びなし」と言われるような，ただ子どもが楽しんだだけで終わってしまっている

ものもあります。まるで先生が子どもにショーを見せたり，子どもが楽しく学べるよう「おもてなし」をされたりしているかのような活動です。これは授業者が悪いのではなく，それだけ一方的な教授に慣れてきている大人や子ども達にとってアクティブ・ラーニングへの変革が難しいということです。しかしこれでは，せっかくがんばって準備をしても子どもはお客様になってしまい，「主体的な学習者」になりません。

　そこで僕は，大人が何も指示しなくても子どもが主体的に取り組む「遊び」の要素を学習に取り入れようと考えました。この14年間でミニバスケットボールクラブ，進学塾，小学校，療育施設など様々な場所で，のべ数千人以上の子ども達に「遊びで学ぶ夢中体験」を届けてきましたが，その効果は僕の想像以上のものでした。公式戦で1勝もしたことがないミニバスケットボールクラブが3年で県大会に出場したり，発達検査で「グレーゾーン」と診断されて公立高校の進学は難しいと言われた中3の生徒が第一志望の公立高校に合格したり，反復学習が大嫌いで授業も宿題も落ち着いて取り組めなかった小2の児童が夢中になってあっという間に九九を習得したりと，保護者も目を疑うほど成長した子ども達が何人も現れました。

　子ども達の様子を観察していると，遊びで学ぶことによって楽しく笑顔になっている他に，自分から頭を捻って考え始めていることに気づきました。どうすればクリアできるかな？もっと早く正確にするには？他に方法はない？と大人が指示しなくても次々と考えを巡らせ始めるのです。そして目標を達成できた時には大きな達成感を感じます。その一連の流れは強く記憶に残り，一方的に教える方法よりも圧倒的に記憶に残っているということにも気づきました。子どもが自ら楽しく学び始め，高い学習効果も得られる。そのためのアイデアをぜひ本書から吸収し，あなたの目の前にいる子どもの成長に役立てていただければ，心から嬉しく思います。

著者　中道　貴洋

CONTENTS

第1章
苦手さのある子も夢中にする**指導のポイント**

第2章
苦手さのある子も夢中になる**遊び＆教材アイデア**

 数・数字の基礎がわかる遊び＆教材アイデア

たし算・ひき算がわかる遊び＆教材アイデア

時計・時間がわかる遊び＆教材アイデア

長さ・重さ・水のかさがわかる遊び＆教材アイデア

かけ算がわかる遊び＆教材アイデア

わり算がわかる遊び＆教材アイデア

分数・小数がわかる遊び＆教材アイデア

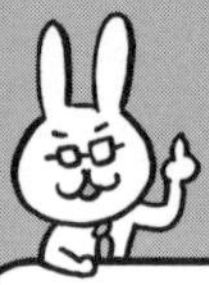

DL 特典と使い方

QR コードから（https://meijitosho.co.jp/322825#supportinfo）アクセスすることで，DL 特典をご利用いただけます。印刷した後，本書の該当ページにある使い方を見てご利用ください。

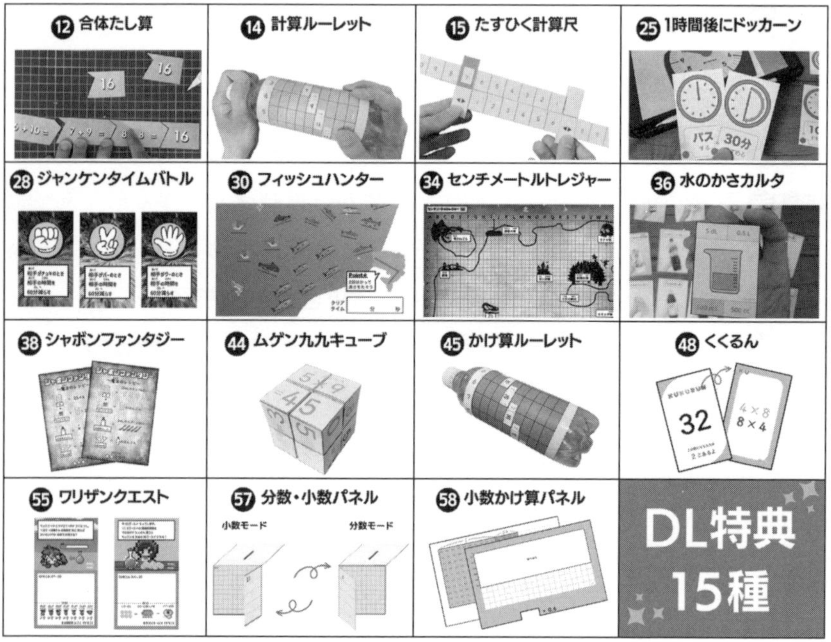

⑫合体たし算
⑭計算ルーレット
⑮たすひく計算尺
㉕1時間後にドッカーン
㉘ジャンケンタイムバトル
㉚フィッシュハンター
㉞センチメートルトレジャー
㊱水のかさカルタ
㊳シャボンファンタジー
㊹ムゲン九九キューブ
㊺かけ算ルーレット
㊽くくるん
(55)ワリザンクエスト
(57)分数・小数パネル
小数モード
分数モード
(58)小数かけ算パネル
DL特典
15種

使用上のご注意

- DL 特典をご利用いただくには PDF データを閲覧できる環境が必要です。
- 複製，頒布，販売，貸与，その他営利目的での使用はお控えください。
- データの著作権は，全て著作権者に帰属します。

第 1 章

苦手さのある子も夢中にする
指導のポイント

01 子どもとの信頼関係構築が 何より大事

子どもは2秒でやるかやらないかを判断する

　親や先生が「楽しく勉強してほしい！」とどれだけ強く思っても，子どもはなかなか自分から勉強してくれません。そこで，楽しく勉強できるよう準備をして子どもを誘うのですが「やだ。やらない」と2秒見ただけで拒絶されてしまったりします。そんな苦い経験のある方も多いのではないでしょうか。

　そんな時に「拒絶されたら悲しいな。こっちの気持ちも考えてよ！」なんて子どもに対して言ったことのある方もおられるかもしれません。子どもに人の気持ちを大切にしてほしいと伝えることは重要ですが，実はこの言葉の背景にはある大きな見落としがあります。

実は気持ちをわかっていないのは大人の方!?

　僕もこれまでに何度も子どもから拒絶をされてきました。3時間かけて作ったプリントを破られる，1週間以上かけて考えて制作したオリジナルゲームをゴミ箱に捨てられる，…そんな経験を何度もしてきました。

　「一生懸命に作った先生の気持ちも考えてよ！」と言ってしまったことも一度や二度ではありません。しかし，今になって振り返ってみると，本当に気持ちを考えられていなかったのは子どもではなく僕の方だったのです。

「勉強の気配」を敏感に察知して瞬時に回避する子は，これまでに勉強によって傷つけられた経験のある子が多いです。わからなくて責められた。間違えて笑われた。周りはできるのに自分だけできなかった。困っている時に助けてもらえなかった。疲れて休みたかったのに強制された。自分なりのやり方を否定された等，過去の経験から「勉強＝自分を傷つけ自由を奪うもの」と捉えている可能性があります。「もう傷つきたくない」という防衛本能から勉強を拒否しているのです。こうした子どもの気持ちを昔の僕はわかっていませんでした。

 ## 勉強が嫌いになっている子はヤマアラシのような状態

まるでアレルギーのように勉強を拒否する子は，時に強い言葉を大人に投げつけます。

「うざい！消えろ！黙れ！」と僕も何度も言われてきました。

その様子はまさにヤマアラシが針を逆立てている姿に似ています。

身を守るために針を逆立てるヤマアラシにいくら「針を収めなさい！」と言っても事態は改善しません。むしろ関係性はどんどん悪化していきます。

子どもがこの心の針を収めるのは「この人なら自分を傷つけない」と安心し，信頼できた時だけです。この信頼関係の土台がなければ，どんなに優れた教材でも2秒でゴミ箱行きです。

逆に信頼関係が構築できれば，苦手な課題も一緒に乗り越えようとがんばってくれます。子どもとの信頼関係を築きながら，子どもが安心して楽しく学べ，子どもの成長へつなげていく。まずは大人がそうした心構えを持ち，適切な知識を学ぶことが重要だと子ども達が教えてくれました。

否定されないという安心感が何より大事

 「失敗なんて気にしないで！」が伝わらない理由

　安心できる学習環境を作ろうとする時，「失敗なんて気にしないで！失敗しながら学んでいくものだから！」というように子どもを励ます先生がおられます。その言葉は正しいですし，子どもを勇気づけたいという思いも本当に素晴らしいものだと思います。しかし中には，「そう言われても気にするって…」と思う子もいます。実は「失敗なんて気にしない」という言葉は，成功しそうな見通しを持つことができて初めて効果を発揮するのです。

　皆さんも突然「英語でプレゼンしてみて！失敗なんて気にしない！」と言われても勇気がわきませんよね。子どもとの学習においても，子どもの知識・技術，心の準備が整っているのか（レディネス）を大切にします。

 大人の「優しく丁寧な指導」が逆効果になることも

　勇気を出して発表したけど間違えた，課題に取り組んでいる時にわからない問題で詰まってしまった，…このような子どもの姿を見ると，一対一で優しく丁寧に教えてあげる先生が多いのではないかと思います。一対一の学習補助は支援方法として有効ですが，1つだけ注意したいことがあります。それは，大人が「優しく丁寧に教えている」と思っていても，子どもは「自分だけ怒られている」と捉えているかもしれないということです。

　以前，ある子が突然「学校に行きたくない」と言い出し，困った親御さん

が僕のところへ相談に来られました。なぜなら原因が全くわからなかったからです。学校では友達も多く，先生も優しい方でした。勉強もその子に合わせて先生が丁寧に教えてくださっているのにどうして？と皆が首を傾げました。そこで，その子と一緒に遊んで心をほぐしてから「なんで学校いやなの？」と聞いてみました。すると「自分だけいつも勉強がわからなくて怒られるし，友達にも見られるから行きたくない…」と教えてくれました。

　この子は，先生がしていた個別の支援を「自分だけ怒られている」と感じており，それを周りの友達に見られることが強いストレスになっていたのです。もちろん先生の口調は優しく丁寧なものでしたし，周りの子も「がんばれー！」と心の中で応援することはあっても「あの子だけできていない」なんて思っているわけではありませんでした。

　この事例では，子どもの誤解を解き，課題の難易度設定を見直しつつ，これまでの学習の抜けている部分を授業以外で補習していくことで解決しました。大人の思う「安心できる環境」ではなく，子どもがどう感じているかを大切にしなければいけないと学んだ事例です。

「今はまだタイミングじゃない」と下がることも大切

　「失敗なんて気にしない」という言葉も，上述した事例も共通点があります。それは学習課題の難易度が子どもに合っていないということです。小学校4年生でわり算の筆算を学習する時，子どもがかけ算をまだ習得できていなかったら大変な負荷がかかります。その状態では学習中に安心なんてできません。「発表で指名されませんように…」「わかっていないことがバレませんように…」と不安を抱え続けてしまいます。そのため，時には「今はまだ準備が整っていないから後回しでいいか」と，撤退することも大切です。例えば，「15秒考えても糸口が見えない問題はヒントを出す。それでも無理なら即撤退して前学年の内容をチェック」と決めておきます。すると，「わからなくても否定されない」という安心感が子どもに芽生えます。

03 遊びで学ぶ夢中体験が大事

子どもの「楽しそう！」を引き出すことに全力投球

　学習遊びやオリジナル教材を考案する際には，必ず「２秒で楽しそうと思えるか」を大事にします。子どもが目にする教材では，①色味やフォントは子どもが好むか？，②動きやゲーム展開による面白みはあるか？，③普通よりも大きい（または小さい）というサイズ感の面白みはあるか？，④ネーミングがわかりやすく親しみの持てるものか？，⑤自分自身が試遊しても楽しめるか？という５つの項目を満たしているかチェックします。なぜなら，子どもが自ら学んでいくには，【はじめに「楽しそう」と思って注目する→試してみる→小さな成功体験を得る→「楽しいかも」と思えてくる→繰り返し試す→成功体験を積み重ねていく→どんどん夢中になっていく】という経過を辿るからです。はじめの「楽しそう」がなければ，どれだけ学習効果の高い教材でも「大人にやらされている勉強」になってしまうのです。

「がんばってみよう！」は夢中になれば溢れてくる

　子どもが勉強を拒否した時に「がんばろう！」と励ましても，よほど強い信頼関係ができていない限り，効果はありません。なぜなら「がんばってみよう！」という気持ちは，子どもがその活動に夢中になって初めて生まれるものだからです。社会性の高い子なら「先生が言っているし，他の皆もがんばっているから…」「今がんばらないと後で困るから…」などの理由で，今

の自分の欲求を抑えてがんばることもできます（抑えすぎると別の問題が発生します）が，まだ，社会性の未熟な子に「皆がんばっているんだから」といくら言っても自尊心が傷つくだけで効果はありません。ですから，どうすればその子が「楽しそう！」と感じて手に取り，成功体験や失敗からのリトライ体験を積み重ねながら夢中になれるか，どうすればその子にとっての遊びを学びにつなげられるかを考えましょう。一度夢中になれば，大人が何も言わなくても「まだまだがんばる！」と意欲が溢れてくるものです。

 ## 無理に勉強させようとせず，遊びを楽しむこと

　本書でご紹介する教材やアイデアは，僕がこれまで出会ってきた子ども達に対して「どうすれば夢中にできるか？」を考えた結果として生まれてきました。実際に使用した先生や保護者の方からも「席に着くことすら嫌がっていた子が夢中になった！」という嬉しいお声をたくさん頂戴しています。

　ただし，一点だけ取り扱い時に注意があります。それは「欲張りすぎない」ということです。今まで勉強を嫌がっていた子が，取り組み始めると大人としては嬉しいものです。これまで拒否していた計算問題が1問解けたら2問解かせたい，5分集中できたら次は10分集中させたい…と，子どもの成長を願えば願うほど，「勉強させたい欲」がどんどん出てきます。そうなると，大人の思っている理想のゴールに子どもを引っ張り上げるような営みになり，いずれ子どもから拒絶されてしまいます。そして一度信頼を失って拒絶されると「もう二度とあの教材やりたくない！」となります。そうなると余計に子どもが学びから遠ざかってしまいます。

　僕もしょっちゅう「勉強させたい欲」に駆られてしまいそうになりますが，子どもが学びに夢中になっていく道のりをゆっくりと見守りながら，遊びを楽しんでいる今この時間を大切にしようと我慢するようにしています。その我慢が，時にこちらが予想もしていなかった学びにつながることもあります。

　先生方もぜひ，遊ぶように学びを楽しんでください。

第**2**章

苦手さのある子も夢中になる
遊び＆教材アイデア

数・数字の基礎
がわかる遊び＆教材アイデア

たし算・ひき算
がわかる遊び＆教材アイデア

時計・時間
がわかる遊び＆教材アイデア

長さ・重さ・水のかさ
がわかる遊び＆教材アイデア

かけ算
がわかる遊び＆教材アイデア

わり算
がわかる遊び＆教材アイデア

分数・小数
がわかる遊び＆教材アイデア

01 数字と数唱（音）をマッチング！

数字を探せ

学習内容 第1学年　A数と計算⑴数の構成と表し方

つまずき 数字と数唱（例えば "1" と "いち"）の一致が難しい。

©遊究舎 2022

いち 1 は どーこだ？ みつけたら ○を つけてね	10	6	7	4	8	3
	9	5	8	10	5	1
8	1	4	2	4	0	1	6	7	5
10	5	9	7	6	3	0	8	4	7
7	2	10	5	1	9	3	1	8	6
0	4	2	9	3	2	10	6	3	9

指導のねらい

● 数字の読み方を覚えながら数字の形を覚えていく。

● 慣れてきたら，数字を整列させず向きや位置をバラバラにしてもOK！

準備物

● ノートや方眼紙などのマス目がある紙

指導の流れ

❶ 数字を書いたプリントを用意する

ノートや方眼紙などに１〜10までの数字を書き込んでいきます（０を含むか否かは子どもの理解度に合わせます）。大人がパソコンなどを使って作成しても良いですが，子どもの書字の練習として，順番に書き込んでいっても良いです。先生がどのマスに書くか指示して素早く書くゲームもできます。

❷ 探す数字は何かを確かめる

プリントが完成したら，その中から何の数字を探すか決めます。その時，数字の読み方も一緒に確かめます。はじめは大人が「"いち"を探すよ」と正しい読み方を教えてあげます。その後，子どもに「何を探すんだった？」と質問して「いち」と答えられるか確かめます。

数・数字の基礎

❸ プリントの中からお題の数字を探す

「よーい，スタート！」の合図で，プリントの中から決められた数字を探していきます。見つけた数字には丸をつけましょう。３分間などの制限時間を決めておいたり，４個見つけたらクリアなどの目標数を決めておいたりすると楽しさがアップします。丸をつける時，「いち！」と数唱をセットで行うと効果的です。子どもが丸をつける動きに合わせて大人が唱えてあげる方法でも良いです。

ポイント

- 慣れてきたら「１〜10まで順番に丸をつけていく」という遊び方もできる。点つなぎの学習をする際の土台になる。
- 「２とび」の順番で丸をつけていくことで，かけ算２の段の感覚を育てておくこともできる。

02 数字と順序をマッチング！

数ならべ

学習内容	第１学年　Ａ数と計算(1)数の構成と表し方
つまずき	数字の順序を理解できていない。

 ## 指導のねらい

● 数カードを使って正しい数字の順序を覚えていく。

● イラストが一緒に描かれている数カードだとヒントになる。

 ## 準備物

● イラスト付き数カード（トランプで OK）

指導の流れ

❶ 数を読み上げていく

はじめに，数カードを順番に見せながら数を読み上げていきます。子ども
だけで読んでも良いし，大人が先に読んでから追い読みをさせても良いです。
読み方がわからなくても，遊んでいるうちにわかるようになってくるので安
心して楽しめる空気を大切にしましょう。

❷ 数カードをバラバラに配置する

最後まで読み終えたら数カードを順番がバラバラになるよう配置します。
机の上に配置しても良いですし，部屋のあちこちに配置して宝探しのように
しても楽しむことができます。子どもに頭上へばら撒くように投げてもらう
と，楽しくなって「カードをもう一度集めよう！」という意欲が高まります。

❸ 正しい順番になるよう並べ替える

スタートの合図で，正しい順番になるようカードを並べ替えていきます。
部屋中にばら撒いた場合には「所定の場所へ1枚ずつ持ってきて並べてい
く」というルールにすると，運動量が増えて多動傾向の子どもも楽しめるほ
か，「次は何の数だっけ？」とワーキングメモリを使うこともできます。

 ポイント

- 慣れないうちは，数字とイラストがセットになっている数カードを使うと，
  わからない時のヒントになり，数量感覚も育つ。
- 慣れてきたら数字だけでチャレンジしてみよう。その時も，ヒントになる
  ようホワイトボードなどに見本となる数字を提示しておく。

03 体を動かして数字を覚える！

ナンバータッチ

学習内容 第1学年　A数と計算(1)数の構成と表し方

つまずき 数字の順序を理解できていない。数と数字が一致していない。

指導のねらい

- 体を動かしながら数字と数唱を一致させる。
- 多動傾向の子どもや体感覚優位の子どもも楽しく学べる。

準備物

- 数カード（イラストが描かれているとより効果的）
- テープ

指導の流れ

❶ 壁に数カードを貼り付ける

　活動を始める前に，用意した数カードをテープで壁などに貼り付けていきます。この時，順番通りに貼るのではなく，順番がバラバラになるように貼っていくと難しさと運動量がアップします。子どもに合わせて調整してください。手の届かない位置には貼り付けないよう注意します。

❷ 読み上げられた数カードにタッチする

　壁に貼り付けた数カードを大人が１から順番に読み上げていきます。子どもは読み上げられた数がどこにあるのかを探して素早くタッチします。見つけられたら大人は次の数を読み上げ，子どもはまたその数を探します。これを繰り返していきます。タイムを計るとよりゲーム性がアップします。

❸ レベルアップバージョン

　順番に読み上げていくパターンに慣れてきたら，次は逆順で数を読み上げていったりバラバラに読み上げていったりする方法も試してみてください。数字の理解が更に深まります。また，たし算・ひき算ができるようになったら，「３＋２は？」という風に計算問題を出し，その答えになる数字をタッチするという遊びもできます。とても盛り上がります！

 ポイント

- どこに数字があるかわからない時は，「左下のあたり」という風にヒントを出してあげることで指示理解の力にもつながる。
- 読まれた数と数字が一致していない時には，ホワイトボードなどに数字を書き，何を探せば良いかわかるようにしてあげると良い。
- ビジョントレーニング，ワーキングメモリの活性化にもつながる。

04 個数と数字をマッチング！
トランプカルタ

学習内容	第1学年　A数と計算⑴数の構成と表し方
つまずき	数字（2），数量（●●），数唱（に）の一致がまだ難しい。

指導のねらい

- 子どもの理解度に合わせて簡単にしたりレベルを上げたりできる。
- カードの柄は子どもの好きなものにするとより意欲的になる。

準備物

- トランプ

指導の流れ

❶ 取り札を配置し，数を読み上げる

用意したトランプを机の上などに配置します。はじめは1～3のカードだけで遊ぶなど，子どもの実態に合わせて使用するカードを調整してください。慣れてきたら5までのカードや10までのカードを増やしていきましょう。J～Kは使わずに省いても良いと思います。

❷ 取り役と読み役に分かれてカルタで遊ぶ

読み役は，配置されたトランプの中にある「数」を読み上げます。トランプの赤いカードを読み札，黒いカードを取り札にしても良いです。取り役は，読み上げられた（または提示された）数のトランプを素早く取ります。これを何度も繰り返します。

❸ たし算につながる遊び方

読み役が「5は2といくら？」のように質問します。取り役は，2といくらを合成すれば5になるのかを考えて3のトランプを取ります。2と3のトランプに描かれたマークを数えて5個になっているかを確認します。数を変えながらこの取り方を繰り返していくことで，数字と個数がより一層頭の中でマッチングしていきます。

ポイント

- トランプの向きをバラバラにしたり配置を変えたりすることで，順序無関係の原理※というものの理解にもつながる。

※順序無関係の原理：対象物をどのような順序で数えても総数は変わらないという原理。

05 数の大きさと順番がわかる！
紙コップボウリング

学習内容　第1学年　Ａ数と計算⑴数の構成と表し方，⑵加法，減法

つまずき　数の大小があまり理解できていない。基数性が未熟。

 ## 指導のねらい

- 紙コップの大きさと数の大きさを視覚的に一致させていく。
- 倒した数の分だけ紙コップを獲得し，たし算の土台を育てる。

準備物

- 紙コップ（ピン用21個，得点用50個ほどあると良い）
- 付箋などピンの位置を示せるもの　● ゴムボール

指導の流れ

❶ 紙コップを重ねてピンを作る

紙コップの側面に１～６の数字を書きます。数字の分だけ紙コップを重ねます（５のピンなら紙コップを５個重ねる）。慣れてきたら７～10も作ってレベルアップしてみましょう。

❷ ピンを設置して投球する

付箋や丸シールを床に貼って，ピンの位置を示します。この時，数字を書き込むことで子どもだけでもピンを立てて修復することができますし，数字と数量の一致にもつながります。ピンが設置できたら決められた位置から投球しましょう。

❸ 倒したピンに書かれた数の分だけ得点ゲット

ピンが倒れたら，そこに書かれた数字の分だけ得点用の紙コップをゲットしましょう。ゲットした紙コップを重ねていくことでどんどん大きくなっていきます。「50点ゲットしたら終了」「10回投げて何点になるか挑戦」など，子どもが楽しめるようルールを工夫してみます。

 ポイント

- ピンを倒したい気持ちが高まって子どもが至近距離まで近づいてくることもある。無理に距離を厳守させず見守ることで，大きな数を扱うチャンスになる。
- 重ねた紙コップを使用することで，分離量から連続量の理解への発展がスムーズになる。
- ピンは，１Ｌペットボトルを10本用意し，色水を100mL ずつ増やしていって大きさを表しても楽しく学習ができる。

06 数の構成と表し方の決定版！
早押しサイコロナンバー

学習内容 第2学年 A数と計算⑴数の構成と表し方
つまずき 十進位取り記数法の理解が十分ではない。

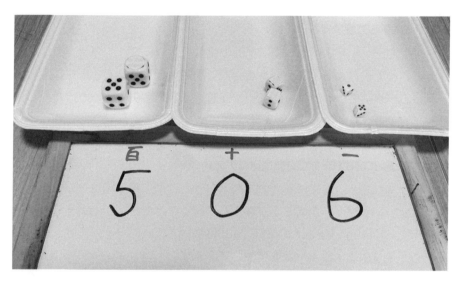

指導のねらい

- 位ごとの数を合成した表し方を理解する。
- くり上がりのたし算につながる数感覚を育てる。

準備物

- サイコロ
- トレーや仕切りになるもの（なくても良い）

❶ サイコロの6の目を隠す

　百・十・一の位を表すトレーの中にサイコロを2個ずつ投げ入れ，出た目を合計して何の数字になるかを素早く答えるゲームです。はじめに，事前準備としてサイコロの6の目を白シールなどで隠します。こうすることで1～5の組み合わせのみとなり，5と5が出る時以外はくり上がりが発生しなくなります。

❷ トレーの中でサイコロを転がす

　準備ができたら一の位のトレーから順にサイコロを投じていきます。出た目を合計した数字を，位に気をつけながらノートなどにメモしていきます。白シールで隠した面が出た時は「0」とします。これを繰り返してできた数をメモします。

❸ 数字を読み上げる

　完成した数字を何と読むのか確かめます。見るだけで瞬時に正しく読み上げられたら良いですが，「506」を「ごじゅうろく」と呼んだり，「125」を「ひゃくじゅうにご」と呼んだりする子どももいます。左ページの写真の「百」「十」「一」という位の数字を指し示しながら，「ごひゃく，ろく」という読み方であることを確かめます。特に空位（位の数が0になっている状態のこと）がある場合の読み方には注意が必要です。

 ポイント

● 位ごとにサイコロの色や大きさなどを変えて見分けられるようにすると，トレーで分けずにごちゃ混ぜで転がし，何の数になったかを素早く読み上げる遊びもできる。数感覚と同時に見る力がとても養われる。

07 遊んでわかる合成分解！
ファイブカルタ

| 学習内容 | 第1学年　Ａ数と計算⑴数の構成と表し方，⑵加法，減法 |

つまずき　5までの数の合成分解が難しい。

指導のねらい

- 数カードを使って「数量」をヒントにしながら合成分解に親しむ。
- カルタのように楽しく遊びながら「加法，減法」に慣れていく。

準備物

- トランプや数カード

指導の流れ

❶ カードを配置する

　5までの数の合成分解を理解する遊びです。トランプや数カードを表向き
に机の上などに配置します。使うのは1～4の4枚だけで良いでしょう。配
置ができたら，出題者とプレイヤーに分かれて準備完了です。

❷ 問題に当てはまる数を考える

　出題者は「1と3でいくら？」や「5は2といくら？」というように問題
を出題します。聞くだけでは難しい子どもには，視覚的に理解できる問題シ
ート（左ページ写真参照）を作成し，見せながら考えさせます。答えがわか
ったら，取り札の中から該当する数を探して素早く取ります。

❸ 正解発表してから次の問題へ

　プレイヤーがカードを取った後，出題者は答えが合っているかを発表しま
す。すぐに答えを教えず，トランプに描かれたマークを数えて正しい答えに
なっているか一緒に確かめるのも良い学習になります。間違いだった場合は
もう一度考え直します。正解だった場合は，次の問題を提示します。これを
繰り返します。

ポイント

- 理解が難しい場合には「1個と3個で何個になる？」「2個と何個で5個
  になる？」と聞きながら具体物を提示し，身近なものと紐づけながら個数
  で考えると理解しやすくなる。
- トランプを算数で使用する時，数字の下にあるマークを白シールなどで隠
  してあげた方が理解しやすい子どももたくさんいる。

たし算・ひき算

08 文章題の理解につながる！
すごろくメーカー

学習内容	第1学年　Ａ数と計算⑴数の構成と表し方
つまずき	文章題を理解して解くことが難しい。

指導のねらい

- 遊びながら行動指示が書かれた文に慣れ親しんでいく。
- 自分でも考えながら文を書けるようになれば作文の力にもつながる。

準備物

- 数カード
- メモ用紙か大きめの付箋

❶ すごろくのマスに止まった時の行動を書いていく

　はじめに，メモ用紙か付箋に「このマスに止まったら2マス戻る」というように，マスに止まった時どうするかの指示書を作ります。(1)戻る・進む・ワープといった移動系，(2)隣の人に変顔をする・早口言葉を言うといったミッション系，(3)アイテムやコインを獲得するといったゲーム機能系の内容になることが多いです。自分で書くことが難しい子には，どんな指示が良いかを質問して代わりに文章を考えてあげます。それを視写させる，大人が薄く書いてなぞらせるといった学習に発展させてもOK！ただし，書かせようとしすぎてワクワク感がなくならないよう注意します。

❷ カードを並べてすごろくマップを作る

　完成した指示書と数カードを一緒に並べ，オリジナルのすごろくマップを作っていきます。指示書と数カードを隣同士で並べる方法以外にも，指示書を数カードの裏に貼る，特定の数字のマス（2と5のつく数字とか）に止まった時に指示書からランダムに1枚選ぶといった方法も楽しめます。

❸ すごろくを楽しむ

　消しゴムや鉛筆のキャップをコマにしてすごろくで遊んでみましょう。子どもに止まったマスの指示を考えさせると，とんでもない指示になることがあります（5マス連続で「スタートに戻る」等）。あえて口出しせず，自分で遊びながらちょうど良いバランスに気づくよう見守ると，より熱中します。

 ポイント

- 子どもと一緒にアイデアを出し合ってどんどん発展させていこう。すごろくづくりは「プログラミング的思考」の基礎にもなる。

09 計算する時の強い味方！
数シートとクリアファイル

学習内容 第1学年　A数と計算⑵加法，減法

つまずき 数が増える，減るといったイメージが難しい。

1	2	3	4	5	6	7	8	9	10
11	12	13	14	15	16	17	18	19	20
21	22	23	24	25	26	27	28	29	30
31	32	33	34	35	36	37	38	39	40
41	42	43	44	45	46	47	48	49	50
51	52	53	54	55	56	57	58	59	60
61	62	63	64	65	66	67	68	69	70

 指導のねらい

● 増える，減るといった操作を視覚的に理解する。
● 数量の変化と数字を一致させる。

 準備物

● 1〜100までが書かれたシート
● カラークリアファイルを切ったもの

指導の流れ

❶ 数シートとカラークリアファイルを用意する

　１〜100までの数が書かれたプリントなど，数字の並びが確かめられるものを用意します。カラークリアファイルはプリントのマス目に合わせ，２㎝四方ほどの大きさになるよう切っておきます。

❷ たし算の内容を確かめる

　左ページの写真のように「３＋２」がどのような操作になるのか確かめる時には，まず先ほど切ったカラークリアファイルを３枚取って数シートに置いていきます。次に２枚取って続きに置きます。このようにして計算の答えを視覚的に確かめます。色を追加すれば３つの数の計算も容易です。

❸ ひき算の内容を確かめる

　ひき算の際には，数シートに引かれる数の分カラークリアファイルを置いてから，引く数の分を取り除いていきます。

 ポイント

- ブロックや数え棒では，個数と数字を一致させることが困難だが，数シートとカラークリアファイルを使うことで，数量と数字を簡単に一致させることができる。
- クリアファイルではつかみづらいという時には透明のおはじきにすると効果的である。
- 同じ数ずつ増やしていけばかけ算の学習もできるし，ある数から同じ数ずつ減らしていけば，わり算の学習にも利用できる。

10 計算しながら運動だ！

風船バレー

| 学習内容 | 第1学年　A数と計算(2)加法，減法 |
| 学習内容 | 席に着いて学習に取り組むことが難しい。 |

指導のねらい

- 体を動かして楽しみながら，必要感を持って計算に取り組む。
- 風船を目で追いながら打ち返すことで目と手を協応させる。

準備物

- 風船（風船が怖い子には紙風船やナイロン袋をふくらましたもの）
- 数シートや数カードなど点数表示ができるもの

指導の流れ

❶ コートやルールを決める

　ネットの目安やコートのラインを大まかに決めて風船バレーをします。曖昧なルールでも問題のない子どもなら，どういう時は得点になって，どういう時はノーカウントになるかを遊びながら決めていくのも良いです。3回タッチするまでに相手コートに打ち返すといったように，ルールは自由に設定していきます。

❷ 風船バレーをする

　得点の増え方に一工夫をします。子どもが得点したら4点，大人が得点したら3点など，工夫を加えることで計算する必要性を出します（子どもが勝ちやすくするのもコツ）。得点する度に数カードを引いて何点追加するかを決めても良いです。

❸ 得点計算をする

　数シートなどを使って得点計算をしていきます。左ページの写真ではジョイントマットに1～100の数字を書いた得点ボードにブロックを置いて得点表示をしています。得点する度，ランダムにUNOを引いて得点を加算していくというルールで遊んでいました。

ポイント

- 計算がまだ難しい時には，「1，2，3→4，5，6→…」という風にお互いの風船に触れた数を数えながら100までつなげるといった遊び方がおすすめ。
- ポイントを取った時に「3点ずつ加算する」といった同数累加の考え方で計算をすれば，かけ算の学習にもつながる。

11 くり上がり計算の基礎づくり！

10つなぎ

学習内容　第1学年　A数と計算(2)加法，減法

つまずき　くり上がりの計算が難しい。

★★★
でんぱ
DEKIRUBA

タテ・ヨコ・ナナメの数字をつないで10をつくろう！
線は折れ曲がってもOK！でもジャンプはダメだよ！

3 2 5 4 2 8
5 1 6 7 5 3
×

| 5 6 2 1 3 6 5 1 2 3 8 6 7 4 3 |
| 2 3 4 6 6 2 7 1 4 6 9 6 1 3 6 |
| 2 4 3 7 1 8 4 6 1 9 3 7 5 1 3 |

　　　分で　　　個みつけたよ！

指導のねらい

- ゲーム感覚で10の合成分解に慣れ親しんでいく。
- 見る力を育て，数字の見間違いや板書の写し間違いを少なくする。

準備物

- 1〜9の数字をランダムに配置したシート

指導の流れ

❶ シートを用意し，ルールを確かめる

はじめにシートを用意します。ノートに数字をランダムに書かせたものを
コピーしても良いです。表計算ソフトの「ランダム関数」を活用するとワン
クリックで無限にプリントが作成できます（ランダム関数については本書で
は割愛させていただきますが，ぜひ調べてみてください。とても便利な関数
です）。シートが用意できたら子どもにルールを説明します。ランダムに配
置された数字を縦・横・斜めにつないで10を作る。3つ以上の数をつないで
もOK。ただし数字を飛び越えてつないではいけないというルールです。

❷ 10になる数の組み合わせを探す

数字がランダムに配置されたシートの中から10になる組み合わせを探して
いきます。鉛筆でつないでいっても良いですが，蛍光マーカーなど色が薄く
て線が太いペンでつないでいくと答え合わせがしやすくなります。

❸ 結果を記録する

取り組んだ後は，何分で何個の組み合わせを見つけたのか答え合わせをし
て記録しましょう。記録して変化を感じることで子どもの意欲が向上します。
学習のはじめに行えば，その日のコンディションを測る指標にもなります。

ポイント

- 10を作ることが難しい場合は，5を作ることから徐々にレベルアップして
  いくと良い。
- 10の合成分解に慣れるだけでもくり上がりの計算がとても理解しやすくな
  るほか，11を作る，12を作るなどとレベルアップしていけば自然とくり上
  がりの計算を導入することができる。

12 遊んでたし算の法則がわかる！
合体たし算

| 学習内容 | 第1学年　A数と計算(2)加法，減法 |
| 学習内容 | 第1学年　A数と計算(2)加法，減法 |

つまずき 「5＋8」と「8＋5」の和が同じ（交換法則）とわからない。

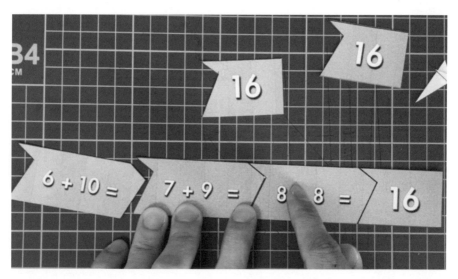

指導のねらい

- 交換法則を体感的に理解することで計算に役立てる。

- 数式のつながりを意識し，頭の中で数を柔軟に操作できるようにする。

準備物

- 【DL 特典：合体たし算】

指導の流れ

❶ 「合体たし算」を作る

　DL 特典の「合体たし算」を印刷します。厚紙に印刷すると遊びやすくなります。普通紙に印刷する場合は，薄めのダンボールなどに貼り付けると良いでしょう。黒い線に沿って切っていくと完成します。子どもがハサミを使う練習にもなるよう，簡単な切り込みを何度も入れるような作りになっています。ぜひ一緒に作ってみてください。

❷ つながるたし算を探す

　「合体たし算」が完成したら，どの数式とどの数式がつながるのか確かめていきます。和が同じ値の数式はピッタリ連結することができます。つなげる際に順番は気にしなくても問題ありません。

❸ ゲームに挑戦する

　切り分けた「合体たし算」を机の上にバラバラに配置します。机の右側に「16」などの和を示すものを縦に並べて置いておきます。「よーい，ドン！」の合図で和につながる数式を探して連結させていきます。何分間で何個つなげられたかを記録して遊んでみましょう。自然と計算が速くなります。

ポイント

- カラー印刷をすると色が手がかりになって答えがわかりやすい。白黒印刷だと難易度がアップする。
- まだ，数式に慣れ親しむ段階では❸で紹介したタイムアタックを嫌がる子どももいる。値が異なる数式なのに，和が同じでピッタリとくっつくこと，それらをよく見ると法則があることに気づけるよう，じっくりと楽しむ時間も大切。

たし算・ひき算

13 ひき算のイメージがつかめる！

パクパクポテト

学習内容　第１学年　Ａ数と計算(2)加法，減法

つまずき　ひき算のイメージができず，計算の仕方がわからない。

 ## 指導のねらい

- 割り箸を手から引き抜く動作と「引く」という言葉を結びつける。
- ひき算をすることで，元の数から減少することを視覚的に理解する。

 ## 準備物

- 割り箸（ささくれが手に刺さらないよう気をつける。ストローでも OK。黄色のストローだと一層ポテトっぽさが出る）

❶「引かれる数」を確かめる

はじめに，子どもと一緒に引かれる数を確かめ，その数の分だけ割り箸を取っていきます。その時「♪ポテトが10本ありました。1本，2本，3本……9本，10本！」と節をつけて歌うと楽しく数を確かめることができます。

❷「引く数」を確かめる

引かれる数を確かめることができたら，次に引く数を確かめます。ここでも「♪ポテトを3本食べました。1本パクッ！2本パクッ！3本パクッ！」と節をつけて歌いながら数えていきます。この時，数えながら割り箸を引き抜いていきます。引き抜いた割り箸は机の上のわかりやすい場所に置いておきます。あまっている割り箸と混ざらないように気をつけます。

❸残った数を確かめる

最後に，手に残った割り箸の数を確かめていきます。「♪残ったポテトはあといくつ？」と子どもに質問を投げかけましょう。パッと見て瞬時に本数を求めることが難しい時は，「1本，2本……」と一緒に数えていきます。答えが合っていたら「大正解ー！！」と拍手をします。間違えていたら「おしい！もう1回数えてみよう！」と再チャレンジを促します。

ポイント

- ハンバーガーショップのポテトの容器に入れると，子どもの意欲が更に向上する。子どもと一緒に厚紙で自作するのも楽しい。
- 数が大きくなってきて，子どもから「もう歌わなくていい」という言葉が出たら成長の証。2本ずつ取ったり一気に5本取ったりするなど，楽に数えられる方法にも取り組んでいくと良い。

たし算・ひき算

14 新感覚の繰り返し計算学習！
計算ルーレット

学習内容　第1学年　A数と計算(2)加法，減法

つまずき　計算プリントでの学習に集中することが難しい。

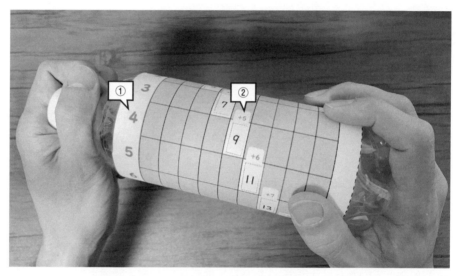

指導のねらい

- 左右の手の協応動作によって体感覚を刺激しながら計算をする。
- すぐに答えを確かめられる安心感を持ちながら学習に取り組む。

準備物

- 500mL の炭酸ペットボトル（周長が21cm前後のものが最適）
- 計算用紙【DL 特典：計算ルーレット】

❶ 計算ルーレットを作成する

「計算ルーレット」を印刷し，「作り方」に沿って余分な箇所を切っていきます。

❷ ペットボトルに巻き付ける

シートをペットボトルに巻き付けてからテープで固定します。2枚目のシートが1枚目の上に重なるよう位置を整えます。

❸ クルクル回して計算する

片方の手でペットボトルを固定しつつ，反対の手で，2枚目に重ねたシートをクルクルと回して計算の答えを確かめます。左ページの写真のように①と②の数を足した和が枠内に表示されます。

ひき算版も同様，③から④の数を引いた差が枠内に表示されます。

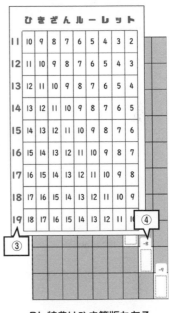

DL 特典はひき算版もある

- 計算プリントや計算カードのように，「目に見える終わり」がないので，子どもの実態に応じて柔軟に学習量を調節できる。
- 「4足す5は？」と通常のたし算を出題するほか，「4足すいくらで9になる？」という形や，「答えが15になるたし算はなーに？」という形で出題することもできる。

たし算・ひき算

15 計算の仕組みが一目でわかる！
たすひく計算尺

学習内容 第1学年　A数と計算(2)加法，減法

つまずき 合成分解の仕組みやイメージが未定着で計算に時間がかかる。

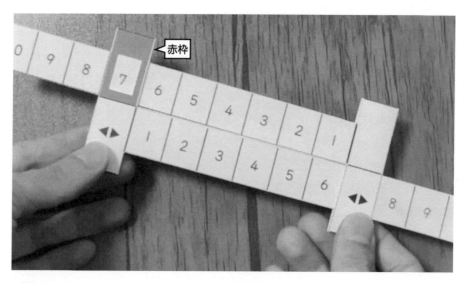

赤枠

指導のねらい

- ある数の合成分解パターンを一目で確かめられるようにする。
- 手で動かしながら，数の法則性に気づく。

準備物

- 【DL 特典：たすひく計算尺】（印刷する時は普通紙よりも厚めの紙がおすすめ）

❶ 作り方を見ながら計算尺を作る

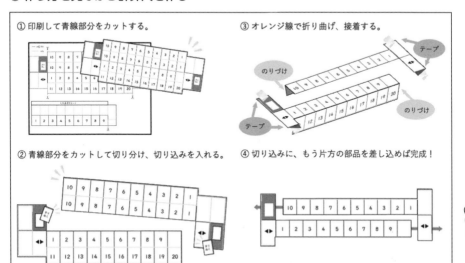

① 印刷して青線部分をカットする。

③ オレンジ線で折り曲げ、接着する。

② 青線部分をカットして切り分け、切り込みを入れる。

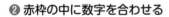

④ 切り込みに、もう片方の部品を差し込めば完成！

❷ 赤枠の中に数字を合わせる

　三角形の矢印部分を持ちながら本体をスライドさせ、赤枠内にめあての数字が入るように計算尺を合わせます。

❸ 合成分解の組み合わせを確かめる

　本体の中央を見て、赤枠内の数がどのような数の組み合わせによってできているのかを確かめます。

ポイント

- DL 特典には、数量感覚も育つドット付き版もある。子どもの実態に合わせ、学習の補助道具として利用できる。

16 計算をゲームにする一工夫！

クロスナンバーパズル

学習内容　第１学年　Ａ数と計算(2)加法，減法
つまずき　計算プリントに集中して取り組むことが難しい。

活動時間 15分

```
5  +  □  =  6        □  +  9  =  18
      +                 +
4  +  8  =  □        7  +  □  =  15
      =                 =
      □                 □
```

指導のねらい

- ゲーム感覚で楽しみながら計算問題に取り組む。
- どこから解けば良いか論理的に思考する。
- 「＝」は左右の値が等しいことを表していると感覚的に理解する。

準備物

- なし

指導の流れ

❶ 問題を作成する

　計算式のところどころに□の虫食いがある問題を作ります。パソコンなどであらかじめ作成しておいても良いですが，その場で1つの式から次々と付け足すように作っていっても良いです。手書きで作成した方が，向きを自由に調整できるので面白いクロスナンバーパズルが作成できます。

❷ ルールを説明する

　子どもに問題を提示し，ルールを説明します。と言っても，□の中に当てはまる数を考えるだけなので一目で直感的に理解できると思います。子どもが「どこから解けばいいの？」という質問をしたら，どこから解けば良いかを考えるのもポイントであることを伝えます。

❸ ゲームにチャレンジする

　合図とともにゲームにチャレンジしていきます。一般的な計算問題よりも，子どもによって解くスピードに大きな差が出ます。どこから考えれば良いかわからない子には，紙などで式を隠しながら「ここは□が2つあって無理そうだね。こっちは□が1つだけだからできそう？」という風に注視するポイントを教えます。【7＋□＝15】のような穴埋め算が難しい子どもには，数を代入していく方法や，ブロック・「たすひく計算尺」などを使い，7と何を組み合わせれば15になるかを確かめていきます。

 ポイント

- □の場所によっては，たし算だけど「ひき算的な思考」をする。「＋があればたし算！－があればひき算！」ではなく，問題解決に向けて柔軟に思考する力が育っていく。

17 見る力も育つドキドキ遊び！
ブロックコピーゲーム

学習内容	第1学年　A数と計算(2)加法，減法
つまずき	見る力が弱く，問題の見間違えなどが多い。

 ### 指導のねらい

- ブロックの中から適切な色と形のブロックを見つける力を育てる。
- どのような形を作れば良いか短期記憶に保持する力を育てる。
- ゲームを通して楽しく計算問題に取り組み，かけ算の素地を育てる。

 ### 準備物

- カラーブロック

指導の流れ

❶ ブロックを用意する

100円ショップなどで売っているブロックをできるだけたくさん用意します。用意したブロックは床や底の浅い箱などに広げ，全体を見やすくします。

❷ 見本を作りルールを説明する

準備ができたら見本の形を作り，子どもにルールを説明します。ルールは，制限時間内に見本と全く同じ形を作っていくだけです。できた数によって得点をゲットできます。見本に使用したブロックの個数を点数にすると良いです（例：ブロック5個の見本をコピーすれば5点×できた数分の得点）。

❸ 制限時間を決めてゲームにチャレンジする

制限時間は1回3分程度が良いと思います。用意できたブロックの個数，子どもの集中力や負荷のかかり具合に合わせて調整してください。終了時間になったら完璧にコピーできた数を数えます。何点ゲットできたかを計算して紙にメモをします。これを繰り返していきます。

ポイント

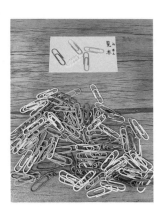

- 見本に使ったブロックの個数だけ位を上げていくと「小4：大きな数」の学習になる（例：ブロック4個ならコピー1個につき1,000点）。
- 色の識別が難しい子どもは，形だけが合っていればOKとする。
- 大量のブロックを用意することが難しい場合，カラークリップでも同様の遊びができる。

18 ワーキングメモリも育つ！
トランプ計算

学習内容	第1学年　A数と計算⑵加法，減法
つまずき	暗算が苦手。くり上がりなどを忘れてしまう。

指導のねらい

- トランプで出た数を覚えながら次々と暗算で計算していく。
- 今までの合計値を短期記憶に保持しつつ新たな数を足して合計を求める。

準備物

- トランプ（数カードでも OK）
- 計算の補助に使う数シート

❶ 黒のトランプを準備する

はじめにトランプの中身を調整します。たし算だけをしていく時には黒のトランプだけを残します。数も1〜9だけにすると良いでしょう。子どもの計算力に合わせ，1〜5だけにする，6〜9だけにするという風に難易度を調整します。

❷ ルールを説明する

「山札からトランプを引き，出た数を足していく。50を超えたらクリア」というルールです。ゲーム性を高めるならランダムに選んで少ない枚数で50を超えられるか挑戦するといったルールでも楽しめます。

❸ 数シートを使いながら挑戦する

ルールが理解できたら早速挑戦していきます。途中で合計値がわからなくなってしまった時のために数シートなどを用意しておきます。

❹ 何枚でクリアできたかを数える

合計値が50を超えたら一旦ストップし，トランプを何枚引いたかチェックします。ここで子どもが「100までやりたい！」と言ったら継続します。

ポイント

- 数シートを使って50まで一緒に取り組むことで，100まで全部達成してしまいたいという気持ちが芽生えやすくなる。
- 赤のトランプも入れ，「赤が出たらその数の分だけ引く」というルールにしても楽しめる。その時は50からのスタートにし，10回のチャレンジでいくらになったかを記録すると良い。

たし算・ひき算

19 大盛り上がりの計算ゲーム！
じゃんけんバトル

| 学習内容 | 第1学年　A数と計算(2)加法，減法 |

| つまずき | くり下がりのひき算が苦手。楽しくないと集中できない。 |

指導のねらい

- じゃんけんで負けると体力が減っていくバトルゲームを楽しむ。
- 遊びながらくり下がりのあるひき算に自然と親しんでいく。

準備物

- 数シート（あると良いがなくても OK）
- カットしたカラークリアファイル（あると良いがなくても OK）

指導の流れ

❶ ルールを決める

じゃんけんをして相手の体力を減らしていくというシンプルなゲームです。話し合って決めるルールのポイントは，体力はいくらからスタートするか，それぞれの手で勝った時に相手の体力をいくら減らすかという点です。「勝ったら相手に４ダメージ」と一定にしても良いですし，「グーなら３ダメージ，パーなら５ダメージ，チョキなら７ダメージ」と差をつけても面白いです。

❷ バトルの準備をする

数シートのスタート位置に，カットしたカラークリアファイルをセットしてバトルの準備をします。クリアファイルは，正方形にカットした１マス分のものを移動させながら体力表示をしても良いです。長方形にカットした10マス分のものを用意すると，「10のまとまりを崩して減らす」というくり下がりの操作により一層慣れることができます。

❸ じゃんけんバトルをする

子どもとじゃんけんをしながらお互いの体力を減らしていきます。子どもが負けそうになってイライラし始めた時は，「なぞなぞに正解したら体力を15回復」などの特別ルールを適用すると良いでしょう。

 ポイント

- じゃんけんのダメージを「勝ったら相手に４ダメージ」のように一定にすることでわり算の学習にもつながる（同数累減）。
- グーで勝った時は「ぐ」や「く」から始まる言葉の文字数分のダメージのようなルールにすると語彙力も増える。

たし算・ひき算

20 考える力が試される！

ハウメニーブロックス

学習内容 第1学年，第2学年　A数と計算⑵加法，減法

つまずき 数の合成分解が苦手。数字で数処理を行うことが難しい。

指導のねらい

- カップの中に隠れた個数を推理する力を育てる。
- たし算とひき算に共通する数の合成分解をする力が同時に育つ。

準備物

- ブロック（おはじき等でも OK）
- カップ（口が広めだと扱いやすい）

指導の流れ

❶ ブロックを10個用意する

　はじめにブロックを用意し，10個あることを子どもと一緒に確かめます。活動がこの後も発展していくことを踏まえ，ブロックは10個とも同じ色にしておくと良いでしょう。ブロックの代わりにおはじきやビーズを使っても良いです。カップの中に複数個入る大きさのものなら何でも OK です。

❷ かけ声とともにブロックを隠す

　「How many blocks are in this cup?」というようなかけ声とともに，10個のブロックのうち，いくつかをカップの中に隠します。カップは口を下向きにしてブロックに覆いかぶせるようにして隠します。カップを操作することが難しい場合は，ブロックをジャラジャラと混ぜた後，片方の手でブロックの一部を覆い隠す方法でも良いでしょう。

❸ カップの中にあるブロックの数を考える

　残ったブロックの個数から，カップの中に隠れたブロックがいくつなのかを考えます。子どもが悩んでいるようでしたら，「はじめに何個あった？」と総数を確認します。その後，「今何個残っている？」と確認します。それでも難しい場合は，ブロックの総数を5個にし，隠す個数を1～3個に減らして難易度を調整してみてください。カップを半透明のガラス容器にして，中がうっすら見えるようにしておくのも良いヒントになります。

ポイント

- 10個がクリアできたら，色違いのブロックを1個だけ追加して11個に挑戦する。数回連続で正解できたらブロックを追加するというルールにすると，子どもの挑戦心が高まって集中しやすくなる。

21 手に汗握るドキドキゲーム！

ハイ＆ロー鬼ごっこ

学習内容 第1学年，第2学年　A数と計算⑵加法，減法

つまずき 単調な課題に集中することが難しい。くり下がりの計算が苦手。

指導のねらい

● 楽しみながらくり下がりのある計算にも慣れていく。

● どのような数が出る確率が高いかを遊びながら予測する。

準備物

● トランプ（数カードでも OK）

● 計算の補助に使う数シート　● ブロックなどコマになるもの

❶ トランプを用意する

　はじめにトランプの中身を調整します。ここでは１～10の札だけを使用します。慣れないうちは１～10を１枚ずつ使用するだけで良いでしょう。

❷ ルールを説明する

　下記のようなルールです。

・子どものコマを数シートの40のマスに，鬼のコマを60のマスに置く。

・山札からトランプを１枚引き，その数を見た後，２枚目の数が１枚目よりも大きいか小さいか（または等しいか）を予測する。

・２枚目を引き，正解だった場合は子どものコマを40のマスから０のマスに向けて４マス進める（40から36へ）。不正解ならコマは動かさない。

・正解不正解にかかわらず，鬼は60のマスから３マスずつ近づいてくる。

・鬼に捕まる前に10回正解し，０に辿り着ければクリア！

❸ 数シートを使いながら挑戦する

　遊びながら「正解！今は32のマスにいるから４マス進んでどのマスになる？」という風に確かめることで自然とひき算ができます。

● トランプは１～10しか入っていないため，１が出たら２枚目は必ず「ハイ」になる。そのような論理的思考ができているかを確かめながら遊ぶと良い。また，９のように「ほとんどローになる」という数の時に確率計算の感覚を持てているかも確かめる。

● １～10のトランプを２枚ずつ入れると「同じ」という選択肢も増えてより楽しめる。ジョーカーが出たら「鬼が６進む」などとしても盛り上がる。

たし算・ひき算

22 記憶力と計算力の限界にチャレンジ！
ギリギリ計算ボンバー

学習内容 第1学年，第2学年　A数と計算(2)加法，減法

つまずき 暗算が苦手。単調な課題に集中することが難しい。

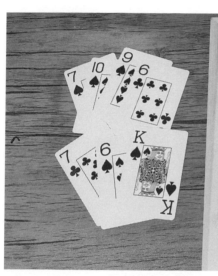

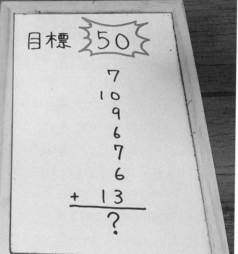

目標 **50**

7
10
9
6
7
6
+ 13
?

指導のねらい

- ワーキングメモリを最大限に活用する。
- ゲーム感覚で楽しく暗算に取り組む。

準備物

- トランプ，数カード，サイコロなどランダムに数が表示できるもの
- 紙と鉛筆（出た数をメモしておくと良い）

❶ ルールを説明する

　このゲームは，ランダムに表示される数を頭の中で次々と足したり引いたりしていき，目標となる数にどれだけ近づけられるかに挑戦するゲームです。最後に計算結果を確かめた時に，目標の数をオーバーしていたら失敗になる計算版チキンレースです。

❷ ゲームモードと目標となる数を決める

　はじめに「数を足していって目標値に近づけるたし算モード」か「ある数からどんどん引いていって０に近づけるひき算モード」かを選びます。その後，たし算モードなら目標値を，ひき算モードならスタートとなる値を決めます。数が小さいほど簡単なので，はじめは10ぐらいからスタートすると良いでしょう。

❸ トランプを引いて計算していく

　準備ができたらトランプを１枚ずつ引いていきます。１枚引く度に，ここでストップするかもう１枚引くかを選びます。子どもがストップの判断をしたら，引いたトランプの数を合計して目標値と比較します。ひき算モードの時はスタートの値から引いていき，どれだけ０に近づいたかを確かめます。

 ポイント

- 子どもが「指を使ってもいい？」というようにヘルプを出した時はOKを出す。自信がついてくれば自然と暗算に挑戦し始める。
- 慣れないうちは目標値を10に設定し，トランプも１〜３だけ使用すると良い。慣れてきたらどんどん数を大きくしてみると良い。
- 「黒い札の時は足す，赤い札の時は引く」というルールもアリ！

23 ひき算の筆算が苦手ならこれ！

上から引いていく筆算

学習内容　第2学年　A数と計算(2)加法，減法

つまずき　ひき算の筆算で，くり下がりを正しく処理することが難しい。

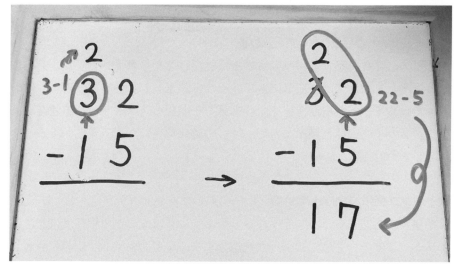

 指導のねらい

- 不注意などの特性でくり下がりを忘れてしまうことを防止する。
- 教科書通りの方法以外にも正しく計算できる方法を知り，自信をつける。

 準備物

- なし

※大人の柔軟な発想が何より必要です。

計算の流れ

★ 計算方法の概要

　通常のひき算の筆算では，くり下がりの処理を忘れて誤答になってしまうという子どものために考案した計算方法です。どれだけ桁数の多いひき算の筆算でも，2桁ずつ注目することで必ず2桁－1桁の計算に変換することができます。そのため，計算が苦手な子も数シートや指を使って正しい値を求めていくことができるという利点があります。

❶ 最も大きな桁同士をひき算する

　はじめに左端の最も大きな位同士のひき算をします（左ページの写真左側：1桁－1桁の計算になる）。計算結果は，引かれる数の上段に書きます。

❷-A 次の桁の計算をする

　❶で求めた数と，次の位の数を合成した後，ひき算をします（左ページの写真右側：❶で求めた十の位の2と一の位の2を合わせて22にしてからひき算をする）。計算結果を筆算の下段に書きます。

❷-B 3桁以上の数を計算する

　❷-A で求めた計算結果は下段に書かず，引かれる数の上段に書きます。以降の位でも同様の処理を行い，一の位になるまで計算していきます。

ポイント

- 子どもの中には「一の位から引くこと」に違和感を覚える子もいる。解答方法を1つに定めず，柔軟に対応することで，子どもが自信を失わず，前向きに学習に取り組める。

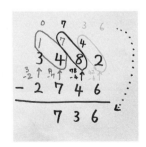

活動時間 🕐 10分

24 まずは言葉の意味をチェック！
時間ことばクイズ

学習内容 第1学年，第2学年　C測定⑵時刻の読み方，⑵時間の単位

つまずき 「針が進む，時間が経つ」といった言葉の意味がわからない。

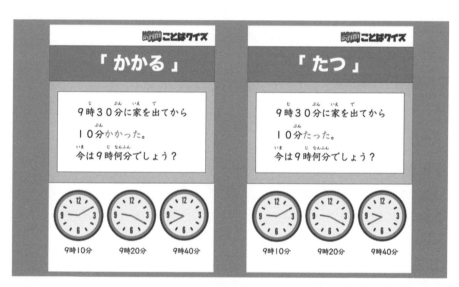

指導のねらい

● 時刻や時間の単元で使われる独特な言葉の意味を理解する。

● 指導者が子どもの学習前理解度（レディネス）を把握する。

準備物

● 時計

★ 押さえておきたい言葉一覧

かかる	経つ	○分前	○分後（あと）
針が進む	針が戻る	時間が長い	時間が短い
早い	遅い	時刻	時間

❶ クイズを作る

はじめに上記の言葉を使った簡単なクイズを作ります。

例：「9時30分に家を出て10分かかった」という時，時計の針は9時何分になるでしょう？①9時10分，②9時20分，③9時40分

❷ レベルアップクイズで理解を深める

❶のクイズで基本的な時間の流れ方について理解できてきたら，今度はレベルアップ版にチャレンジします。

例：「9時30分に駅に着いた。家から10分かかった」という時，家を出たのは9時何分？①9時10分，②9時20分，③9時40分

ポイント

- これらの言葉が文脈から正しく読み取れることを目指すため，クイズを作る時の数値は困難なものにしない。
  一定にしておくと良い。
- 「時刻，時間」の区別はとても難しい。問題文中の時刻を表す部分には時計マークを描いてあげるといったフォローが有効である。

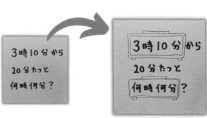

25 1時間＝60分が身につく遊び！

1時間後にドッカーン

学習内容　第1学年，第2学年　C測定⑵時刻の読み方，⑵時間の単位

つまずき　1時間が60分であることが未定着で，時間の計算が難しい。

 指導のねらい

- 時計の針を進めながら60分で1時間になることを理解する。
- 時間のたし算に慣れ親しむ。

 準備物

- 時計
- 【DL特典：1時間後にドッカーン】

指導の流れ

★ ゲームの準備をする

はじめに DL 特典の「1時間後にドッカーン」を印刷してカードにしておきます。ゲームのルールは以下の通りです。

・山札をシャッフルし，各プレイヤーは山札から3枚の手札を引く。
・手札から何分進めるか書かれたカードを1枚選んで場に出す。
・場に出たカードのうち，大きな数の人から時計の針を進める。
・時間の合計が1時間を超えなかった時は，針はそのままにして次のターンに進む。次のターンのはじめに全員山札からカードを1枚引いて，手札を3枚にする。
・もし時計の針が12を越えた場合は時限爆弾が爆発する。爆発させた人は場にあるカード全てをペナルティとして回収する。回収したカードは，手札とは別にして表向きで置いておく。
・針が12を超過した分もリセットせずに続けて表示する（例：時計が12時50分の時に「30分すすめる」を出した→1時で一度爆発処理をした後，時計の針を1時20分まで進める）。場合によっては，1ターンに2回爆発することもある。
・全員の手札がなくなったら終了。引き取ったペナルティ分のカードに書かれた時間を合計し，一番時間の少なかった人の勝利となる。

ポイント

● どのカードを出せば爆発を免れられるか考えながら，カードを出していく。
● カードの種類と枚数は決まっているので，自然と相手が何を出してくるか予想しながらプレイするようになる。
● 自然と1時間＝60分であることが身についていく。

時計・時間

26 夢中で遊んで時間をマスター！

時計すごろく

学習内容 第2学年　C測定⑵時間の単位

つまずき 時計の読み方や針の進み方があまり理解できていない。

活動時間
20分

 指導のねらい

- 遊びながら時計の読み方に慣れ親しんでいく。
- 遊びながら時計の針の進み方を理解していく。

 準備物

- 時計　● サイコロ
- 紙と鉛筆

❶ 時計の針を0時0分に合わせる

すごろくのマスの代わりに時計を使った遊びです。はじめに時計の針を0時0分に合わせ，そこをスタート地点とします。

❷ サイコロの目の数だけ分針を進める

通常のすごろくのようにじゃんけんなどで順番を決めた後，順にサイコロを振っていきます。そして出た目の数だけ分針を進めます。はじめは出た目の数×10分ずつ進んでいくと良いでしょう。

❸ 誰が先にゴールするかを競う

ゴール地点となる時間を決めておいて，誰が一番先にその時間まで針を進められるかを競います。ゴールは6時ちょうどなどに設定すると良いですが，何時に設定しても構いません。自由に調整してください。

 ポイント

- サイコロを2つにして出た目の数の和×5分進むというルールにすると，時計の12×5分=60分で1時間になるという感覚がつかめる。
- ゲームを始める前に「6に止まった人は5分戻る」などのアクションイベントを決めておくと更に楽しくなり，「針を戻す」という言葉の意味も体感できる。
- アクションイベントの内容は「○分戻る / 進む」の他に，「○分へ行く」「変顔をする」「10回ジャンプする」など子どもが楽しめるものを一緒に考えてみると良い。「○○になった人は，○○をする」という文を繰り返し読むことで文章題を理解する素地も育つ。

時計・時間

27 時間のくり上がりはこれで解決！

時計じゃんけん

学習内容	第2学年，第3学年　C測定⑵時間の単位，⑵時刻と時間
つまずき	分針が12を越える時の時間の計算が難しい。

指導のねらい

- 「○分進む」という言葉と分針を進める操作を合致させる。
- 分針が12を越えると時間がくり上がることを理解する。

準備物

- 時計（ない方が計算力は鍛えられます）

計算の流れ

❶ ルールを確認する

　じゃんけんで勝った人が「グ・リ・コ」と進んでいく遊びを，時計を使って行います。それぞれの手で勝った時にいくら進むのかを確認しておきます。グ―20分，パー30分，チョキ40分と差をつけると盛り上がります。何時まで行ったらゴールかも決めておきましょう。

❷ じゃんけんをして進めていく

　ルールを確かめられたらゲームスタートです。時計を使わず，紙に時刻を書いて計算していくだけにすると計算力がより一層育ちます。間違えると不利になるのでとても真剣に計算してくれます。

❸ オリジナルクイズを出題する

　しばらくゲームで遊んだ後，子どもに適当な時間に設定した時計を見せて「チョキで勝ったら何時何分になる？」と質問します。この時，分針が12を越えるようにしておくと時間のくり上がりの理解が深まります。

 ポイント

- 時計を使う場合，「①時針と分針が連動しているもの」「②時針と分針が連動していないもの」と二段階に分けると良い。②の針が連動していない時計が身近にない時は，紙とクリップで簡単に作成できる。

第2章　苦手さのある子も夢中になる遊び＆教材アイデア　071

活動時間 **15分**

28 真剣勝負で時間感覚をマスター！

ジャンケンタイムバトル

学習内容	第2学年，第3学年　C測定(2)時間の単位，(2)時刻と時間
つまずき	時間の逆算やくり下がりの理解が難しい。

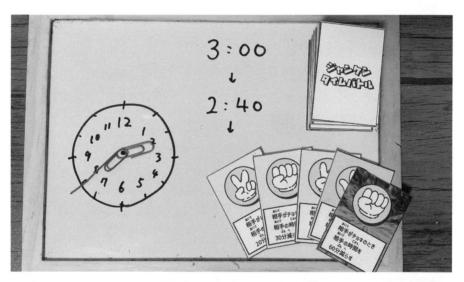

指導のねらい

- 遊びながら時間を逆算していく考え方に慣れ親しむ。
- 分針が12をまたいで，時間がくり下がる時の処理を理解する。

準備物

- 【DL特典：ジャンケンタイムバトル】

指導の流れ

❶ ジャンケンタイムバトルを用意する

　DL特典のデータを印刷してカードの準備をします。セットを人数分用意しても良いですし，1つのセットを半分に分けて使用しても遊べます。

❷ ルールを確認する

　2人で遊びます。はじめに時計を好きな時間に合わせ持ち時間を決めます。これが体力の代わりになります。次に山札からカードを5枚引き，出すカードを1枚選びます。「じゃんけんぽん」で2人同時にカードを出し，勝敗を確認します。負けた方は相手のカードに書かれている分だけ自分の持ち時間を減らします。先に相手を0時0分にした方の勝ちです。一度使ったカードは捨て札として脇に置いておきます。

❸ 遊んでみる

　ルールが確認できたら遊んでみましょう。自分の残り時間は，時計を使って表示したり紙に時刻だけ書いて表示したりします。じゃんけんが1回終わる度，手札が5枚になるように山札からカードを引きます。

ポイント

- あいこになった時は「お互いのカードを捨て場所に置く」「カードを手札に戻す」「書かれている時間が小さい方は，相手との時間の差だけダメージを受ける」など子どもと相談しながら柔軟に変更すると良い。
- 山札がなくなった時は，捨て札をシャッフルし，山札として再利用する。
- 予備カードも収録しているので，オリジナルの効果を持つカードを自作してみるのも良い。更に楽しく学びを深められる。

時計・時間

29 クイズで長さの基本を理解！

どっちが長い de SHOW？

学習内容	第2学年　C測定(1)長さ，かさの単位と測定
つまずき	ものを見て，長さの比較をすることが難しい。

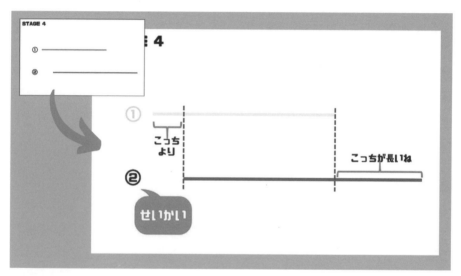

指導のねらい

- おおよその長さの感覚を確かめる。
- なぜ長いと言えるのか，どのように考えたら良いかを知る。

準備物

- なし

指導の流れ

❶ 問題を作成する

　２本の線を見てどちらの線が長いかを当てるだけのとてもシンプルなゲームです。左ページのようにあらかじめ作成しても良いですが，その場で定規を使って引いた線や，フリーハンドで引いたぐにゃぐにゃ線を出題しても良いです。その方が子どもに合わせて問題レベルを調整しやすくなります。

❷ 子どもの答えの根拠を聞く

　問題を出題して子どもが「②が長い」という風に答えたら，正解か不正解かは関係なく「そう思った理由は？」と聞きます。「だってここを見て比べたらこっちの方が長そうだから」という風に答えられたら花丸です。もちろん「何となく」でも OK です。そんな時は「どこを見て長そうだなーって思った？」と聞いてみるのもアリです。

❸ 正解とその理由を確かめる

　正解発表をして答えを確かめた後，なぜ正解だと言えるのか，どのように判断できるのかを確かめます。ここでは判断基準の全てを理解しようとする必要はありません。子どもが「本当だー」と納得できればそれで OK です。これを繰り返していきます。

ポイント

- 長さを比べる時には，どちらかの端が揃っていたら比較しやすいことを体感できると，長さの学習や定規を使う時の動機づけがしやすくなる。
- 線の太さや色を変えながら問題を自作していくと更に学習が深まる。その時も定規で長さを正確に測るなどして，どうしてその正解と言えるのかを明記させていくと良い。

長さ・重さ・水のかさ

30 楽しく遊んで定規をマスター！
フィッシュハンター

学習内容 第2学年　C測定(1)長さ，かさの単位と測定

つまずき 定規の使い方にまだ慣れていない。

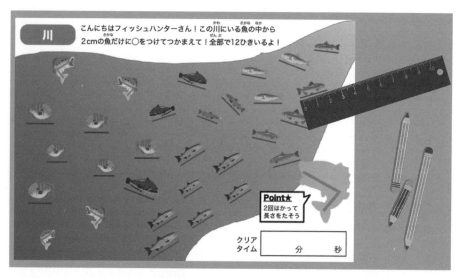

指導のねらい

- 定規の使い方（端を0に合わせる，平行に沿わせるなど）に慣れる。
- 遊びを繰り返しながら長さの量感を育てる。

準備物

- 【DL特典：フィッシュハンター】
- 定規

指導の流れ

❶ ルールを説明する

　絵の中から，ミッションで指定された長さの魚だけを探して○で囲みます。大きすぎても小さすぎてもダメです。魚の絵と一緒に描かれている線の長さを測ります。折れ曲がっている魚は何度か測って長さを足し合わせることを伝えます。

❷ 長さハンティングに挑戦する

　定規を使って魚の長さを確かめていきます。指定された長さの魚を見つけたら鉛筆で囲んで捕まえます。タイムを計測しておき，全部捕まえたクリアタイムを記入しておきます。子どもが長さを測っている時は，定規の０の目盛りと，線の端がきっちりと揃っているかを特に注意して見ておきます。

❸ 答え合わせをする

　いきなり正解ページを見せても良いですが，もうワンランクアップする答え合わせをします。透明のクリアファイルに油性の赤マジックで指定された長さの線を引きます。その赤線を捕まえた魚と照らし合わせることで，本当に指定された長さなのかを簡単に確かめることができます。子どもでも簡単に答え合わせができます。ぜひ試してみてください。

ポイント

- 定規の０の目盛りを線の端に合わせているか，定規は線に平行に沿わせるように測れているかをよく確かめる。
- 余白設定の関係で縮小されて長さが変わることがある。印刷時の余白や拡大・縮小の設定をチェックするようにする。

31 毎日目にして感覚が芽生える！

長さツリーづくり

学習内容	第2学年　C測定⑴長さ，かさの単位と測定
つまずき	長さの量感覚が未成熟で，数値だけではイメージが難しい。

指導のねらい

- 1mなどの基準となる長さを視覚的に捉えて長さの量感を育む。
- 自分の背の高さなどと比較して相対的に長さの量感を育む。

準備物

- ガムテープ　　 緑の画用紙
- メジャーなど長さを測れるもの（2mまであるもの）

❶ 長さのクイズを出題する

　「1mってどれぐらいの長さだと思う？手で表してみて」という風にクイズを出題し，子どもの関心を高めます。その答え合わせとして，ガムテープを1mの長さに測って切るという活動へとつなげていきます。

❷ ガムテープを規定の長さに切る

　まず，❶で答えた長さぐらいになるようガムテープを子どもに伸ばしてもらいます。先に手で長さを表しておくことで，ガムテープをどのあたりで止めれば良いか予想をしやすくなります。その後，クイズの答え合わせとして，メジャーなどを使ってガムテープが規定の長さになるようカットします。

❸ カットしたガムテープを壁に貼る

　❷でカットしたガムテープを壁などに縦向きに貼ります。これが木の幹になります。その後，ガムテープを短く切ったものや細く切ったものを組み合わせて枝を作ります。枝の長さは指示しても良いですし，くじでランダムに決めても面白いです。

❹ 長さツリー用の葉を貼る

　枝ができてきたら緑の画用紙を葉の形にカットして，両面テープで木の先端に貼り付け，長さを書き込みます。これを繰り返していきます。

- 子どもと好きな長さ，好きな葉っぱのツリーを作っても楽しめる。春は桜，夏は新緑とセミ，秋はもみじ，ハロウィンの枯れ木，冬はクリスマスツリーなど，木の壁面飾りは1年を通して目で見て楽しむことができる。

長さ・重さ・水のかさ

32 身近なもので長さをイメージ！

長さカルタ

学習内容	第2学年　C測定(1)長さ，かさの単位と測定
つまずき	長さを表したり計算したりはできるが量感が伴っていない。

指導のねらい

- 身の回りのものの長さを把握し，長さの量感をつかむ。
- ものの長さに興味を持ち，自ら計測したくなるきっかけを作る。

準備物

- 身の回りにある色々なもの
- メモ用紙

指導の流れ

❶ 長さカルタの準備をする

まずは用意したものの長さを事前に測ってメモしておきます。1枚の紙にまとめてメモしておいても良いですし，くじを作って1枚ずつ記入していっても楽しめます。

❷ 読み手は読み札を1枚取る

出題者は，メモの長さの中から1つを選び（またはくじなどで選び），「30cmのものはどーれだ？」という風にお題を発表します。

❸ 長さを予測し取り札を取る

プレイヤーは発表された長さのものを探します。目で見て長さを予想し，これかなと思ったものを1つ取ります。正解ならお題となったものを獲得します。間違いなら取ったものを場に戻し，その番はお休みします。これを繰り返し，一番多くのものを取った人が優勝です。

ポイント

- お手つきの場合にどうするかは柔軟に変更する。1回お手つきをしたら休みになるのは難しいけれど当てずっぽうはさせたくない，という時はお手つき2回までOKにするといったルールが良い。
- 予想が難しい時は，定規などを使って指定された長さがどれくらいなのかを確かめてから探してみると良い。
- 1人で遊ぶ時など，対戦をしない時は全部当てるのに何分かかるかのタイムアタックをする。5分で何個正解できるかチャレンジなどをしてみると楽しめる。
- 大きすぎるものは写真を代わりに用意すると良い。

長さ・重さ・水のかさ

活動時間
⏱ **30分**

33 工作しながら長さがわかる！
立体迷路づくり

| 学習内容 | 第2学年　C測定⑴長さ，かさの単位と測定 |
| つまずき | 長さの計算が苦手。プリント学習だと集中しづらい。 |

指導のねらい

● 立体迷路の壁に何cm分のパーツが必要かを考えて計算に親しむ。

● 立体迷路づくりを通して，長さの量感を育てる。

準備物

● 厚紙，ダンボールか食品トレー

● ハサミ，カッターナイフ，鉛筆，のり（方眼紙を貼る場合）

❶ 土台の迷路を作成する

土台に，１マスが３㎝四方になるよう線を引きます。方眼紙を貼るだけでもOKです。そして罫線に沿ってオリジナル迷路を作ります。線の上から壁を差し込む部分を鉛筆で濃くなぞり，迷路の設計図を書いていきます。

❷ 土台に切り込みを入れる

迷路が作れたら，壁の位置にカッターナイフで切り込みを入れます。深さは５㎜程度で大丈夫です。同じところを何度も切ると，溝が広がって壁を差し込んだ時に安定しづらくなるので注意が必要です。

❸ 壁パーツを作成する

厚紙を幅４㎝ほどに細長く切ります。そして，迷路の壁の長さに合わせて切り分けていきます。この時，１つの壁ができるだけ長くつながるよう作成すると頑丈になります。「ここからここまで壁をつなぐには３㎝の４マスだから12㎝必要だな」という風に計算しながら壁を切り分け，折り目をつけていきます。

❹ 土台に壁を差し込んでいく

切り込みの長さに合わせて壁パーツを切り分けられたら，迷路に差し込んでいって完成です。落とし穴を作っても楽しめます。

- ❹の時，壁パーツはできるだけ長いものを折り曲げて差し込んでいくと壁が安定する。「１マスが３㎝で４マス分の壁を作りたいから12㎝必要」という風に考えながら作ることでかけ算の学習にもなる。

34 7つの秘宝を探し出せ!!
センチメートルトレジャー

学習内容 第2学年　C測定(1)長さ，かさの単位と測定

つまずき 定規を使って長さを測ることが難しい。

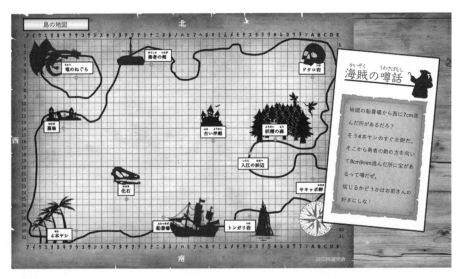

指導のねらい

- 楽しく遊びながら定規の操作に慣れ親しむ。
- 長さの数量感覚を育てる。

準備物

- 定規，鉛筆
- 【DL特典：センチメートルトレジャー】

指導の流れ

❶ ルールを説明する

　定規を使って島に隠された宝を探す遊びです。島には魔物もいます。体力が尽きる前に，島に隠された7つの秘宝を全て見つければクリアです。

❷ 宝の地図のヒントを見る

　はじめに「島の地図」を配ります。次に山札から「手がかりカード」を1枚オープンします。書かれてある文章を読んで挑戦するかどうかを決めます。挑戦しない場合は手がかりカードは捨てて次の手がかりカードをオープンします。宝が全て見つかる前に手がかりカードがなくなってもゲーム終了です。

❸ 定規で線を引いて宝の位置を当てる

　「手がかりカード」のヒントをもとに宝を探しに行きます。定規と鉛筆を使い，地図に直接書き込んでも良いです。繰り返し使いたい場合はクリアファイルに入れ，上から細めのボードマーカーで書くと良いでしょう。書かれた通りに進むと，地図の南北にあるカタカナ及びアルファベットと東西にある数字が交差する点に着きます。チと7が交差する地点なら「チ7」です。

❹ 着いた地点に宝があるかを判定する

　大人は「運命の書（答え）」を見て，子どもの着いた地点が正解かどうかを確認します。間違っている場合はやり直したり修正したりします。合っていた場合は「宝カード」を1枚引きます。宝には，お助け能力がついています。手に入れた宝はいつでも使用できます。

ポイント

- 印刷時の余白設定や拡大設定によって長さが変わるので注意する。

35 身近なもので「かさ」をイメージ！①

1000mL チャレンジ

学習内容 第2学年　C測定(1)長さ，かさの単位と測定

つまずき 水のかさの「値」と「実際の量」が結びついていない。

 ### 指導のねらい

● 水のかさを数値だけでなく数量として体感的に理解する。

● 水の多さや持った時の重さ，容器に入れる時の時間など，五感を使って水のかさについて理解を深める。

 ### 準備物

● 1000mL が量れるカップ，色々な容器，水

❶ ちょうど1000mL を目指すゲームだと伝える

　はじめに1000mL が量れるカップ，色々な大きさの容器，バケツに汲んだ水を用意して子どもに見せます。そして「今から1000mL チャレンジゲームをしまーす‼」と発表してルール説明を行います。ルールは簡単です。どの容器の組み合わせで1000mL カップが満タンになるかを探すだけです。

❷ 様々な容器でチャレンジする

　ルールや量る手順がわかったら，たくさんある容器の中から１つ選んで水を満タンまで入れます。先に満タンまで入れておいて，1000mL カップに全て注ぎ込むのがポイントです。水が溢れると「きゃー！」と盛り上がります。この緊張感が真剣に水のかさを予測しようとする意欲につながります。

❸ 何で1000mL になったかをメモする

　チャレンジを繰り返し，1000mL ちょうどになった容器の組み合わせをメモしておきます。同じ容器を複数回使うのも OK です。その時は「300mL のコップ×③と100mL の栄養ドリンクの瓶」のように表記します。すると３年生「大きな数のかけ算」，４年生「計算の順序」につながります。

 ポイント

- 1人１つの容器を選んでチャレンジする少人数での協力ゲームにするのもとても楽しめる。前の人が注いだ水のかさを見た後に，次の人が容器を選ぶようにすると良い。注ぐ順番も自由に変更してみよう。
- 1000mL カップの下に「上皿はかり」を設置し，「水１L ＝ 1kg」と重さに結びつけることも効果的である。水温で微妙に重さが変わるので注意する。

36 身近なもので「かさ」をイメージ！②

水のかさカルタ

学習内容　第2学年　C測定⑴長さ，かさの単位と測定

つまずき　「水のかさ」の量感が育っていない。

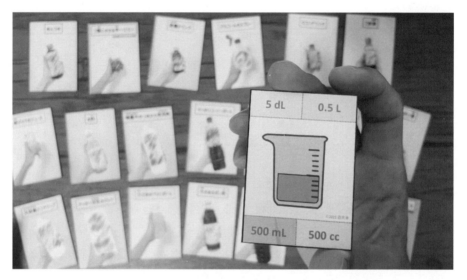

指導のねらい

● 身近にあるもののかさと，水のかさを一致させる。
● 水のかさの単位変換に慣れ親しむ。

準備物

●【DL 特典：水のかさカルタ】

❶ 水のかさカルタを準備する

DL 特典の「水のかさカルタ」を準備します。表面には身近にあるものの写真と名称が，裏面にはそれがどれぐらいの量なのかがビーカーのイラストとともに記載されています。このカルタを使ってゲームをすることで，身近にある容器を見て「この容器は３dL ぐらいの量だな」とか「200mLっていうことはコップぐらいの量だよな」という感覚を育てていきます。

❷ 遊び方１：水のかさカルタ

出題者と取る人に分かれて遊びます。はじめに写真のある面を表向きにしてバラバラに配置します。出題者は「400mL のものはどれでしょう？」という風に質問します。取り手はカルタの中から400mL だと思うものを取ります。正解だったら見事ゲット！お手つきだったら戻して他の人を待ちます。

❸ 遊び方２：何 dL でしょうクイズ

はじめに３枚ほどのカルタをヒント用に選んで子どもがいつでも確認できるようにしておきます。次に残ったカルタの表面（写真と名称の面）を子どもに見せながら，「これは何 dL でしょう？」とクイズを出していきます。わからない時は，はじめに受け取ったヒントの札の裏面を見て予想します。正解だったら５ポイント。惜しかったら１ポイントという風に設定すると楽しく遊びながら水のかさの量感が育ちます。

長さ・重さ・水のかさ

● 他にも「1000mL になる組み合わせを探せ！」という遊びや，ランダムに引いたカルタと同じ水のかさのものを家の中から探す「水のかさハンター」等の遊びもできる。どんどん遊びを広げていける。

37 夢中になる不思議な水遊び！

オリジナル魔法薬づくり

学習内容	第2学年　C測定(1)長さ，かさの単位と測定
つまずき	水のかさの計算が苦手。楽しくないと取り組めない。

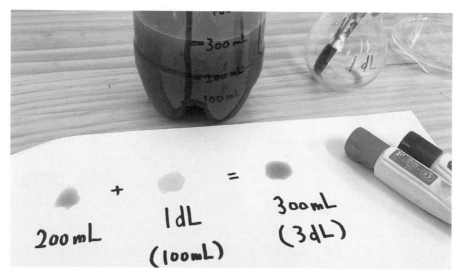

指導のねらい

- 楽しく遊びながら「水のかさ」の単位に親しむ。
- 「水のかさ」の計算を視覚的に理解できるようにする。

準備物

- 水のかさを計量する容器
- 絵の具，筆，紙（できれば画用紙が良い）

指導の流れ

❶ 見本の魔法薬を見せて説明をする

　あなたは見習い魔法使い。１色ずつ魔法薬の素を作り，それを自由な配分で混ぜ合わせることでオリジナル魔法薬を作ります。大事なのは，運任せにせずきちんとレシピに残すこと。さぁ，一人前の魔法使いになれるかな？という風に見本を見せつつ導入をしていきます。

❷ 絵の具１色の魔法薬の素を作る

　必要な道具を子どもに渡したら，まずは魔法薬の素を作ります。はじめのうちは使う絵の具を１色だけにすると良いでしょう。魔法薬の素が作れたら，筆にちょんとつけて紙に一滴だけ垂らして色見本を作ります。同様に魔法薬の素をもう１色作りましょう。

❸ 完成した魔法薬のレシピをメモする

　魔法薬の素ができたら自由な配分で混ぜ合わせます。ここでも一人前の魔法使いになるための大事なポイントがあります。それはきちんと分量をメモしておくこと！赤を何 mL と青を何 mL 足したらどんな魔法薬が何 mL できたのかをレシピにしていきましょう。

ポイント

- 複数の子どもで取り組む時には，他の子のレシピを見ながら再現してみると良い。レシピ通りに作ることで簡単に再現ができると，数値や単位の良さに気づける。

- チャレンジ問題として，「この魔法薬は何と何をどれぐらい足したものでしょう？」とクイズを出すのも楽しい。一生懸命に試行錯誤しているうちに割合や比率の概念も身についていく。

長さ・重さ・水のかさ

活動時間
🕐 **20分**

38 計算しながら不思議な実験！
シャボンファンタジー

学習内容　第2学年　C測定⑴長さ，かさの単位と測定（A数と計算）

つまずき　計算が苦手。はかりなどの使い方が未定着。

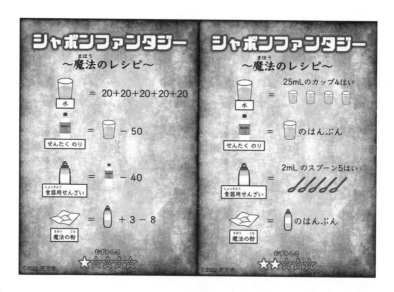

指導のねらい

• 目的意識を持って計算問題に取り組む意欲を高める。

• ものの量を量る方法に慣れる。

準備物

• 水，洗濯のり，食器用洗剤，砂糖，【DL 特典：シャボンファンタジー】

• 計量カップ，はかり，混ぜ棒，シャボン玉棒

❶ 魔法のレシピを解く

　はじめに「シャボンファンタジー」の中から子どもの理解度に合った問題を選んで解きます。難易度は全部で７段階あります。問題は異なりますが，どれも同じ答えになるようになっています。

❷ 材料を混ぜ合わせる

　レシピが解き明かせたらレシピ通りに材料を混ぜ合わせていきます。計量カップとはかりを使って正確な分量になるよう注意しながら混ぜ合わせます。多少入れすぎてしまう分には問題ありません。

❸ 巨大シャボン玉づくりにチャレンジする

　計算が合っていて材料を正しく混ぜ合わせられたら，なかなか割れない魔法のシャボン液ができます。シャボン玉同士をぶつけてポンポン跳ねるバウンドシャボン遊びもできます。割り箸の先に輪になるよう毛糸を結び，重りのクリップを付けたシャボン玉棒を使って，巨大シャボン玉づくりにも挑戦してみましょう！（右の写真参照）

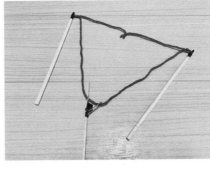

長さ・重さ・水のかさ

 ポイント

- 「魔法の粉」は砂糖だが，「台所にある白い粉」というヒントだけを出して，塩や小麦粉，片栗粉などで比較実験してみるのも楽しめる。

活動時間
🕐 **30分**

39 不思議実験で楽しく感覚理解！

ぷにぷにボールづくり

| 学習内容 | 第２学年　C測定⑴長さ，かさの単位と測定 |
|
| つまずき | 水のかさやものの重さが未定着。 |

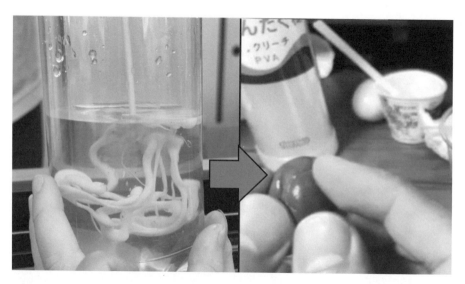

 ## 指導のねらい

- ぷにぷにボールづくりを通して水のかさや塩の重さを計量する。
- 塩が溶けたり，洗濯のりが固まったりする不思議さを楽しむ。

 ## 準備物

- 水，塩，洗濯のり（PVA入りのもの），絵の具
- カップ，混ぜ棒，キッチンペーパー

❶ 材料を準備する

はかりを使って水100mL，塩40ｇを用意します。洗濯のりと絵の具は少量で構いません。洗濯のりの量がぷにぷにボールの大きさになります。だいたい20ｇほどが目安です。ボールを大きくしたい時はたくさん入れてください。

❷ 水に塩を溶かしていく

水に塩を溶かしていく工程が成功するか否かの一番のポイントになります。一気に40ｇ全て入れてしまうと溶けきらずに塩分濃度の低い食塩水になってしまいます。10〜15ｇぐらいずつ入れて少しずつ溶かしていきます。水の中に白っぽい塩の粒がなくなって透明になるまで混ぜます。水の温度にもよりますが塩35ｇほどを溶かすと飽和するはずです。

❸ 色つき洗濯のりを入れて混ぜる

洗濯のりに好きな色の絵の具で色をつけた後，❷で作った飽和食塩水の中に投入します。綿菓子を巻き取るような要領で，混ぜ棒で巻き取ると洗濯のりが固まって巻き付きます。それを集め取り，キッチンペーパーで水気を吸い取りながら丸めていきます。ある程度，水分が出てこなくなったら完成です。

- はじめはぷにぷにだが，少し乾燥するとよく弾むようになる。丸めた時の形によっては不思議な弾み方をするので，壁や床にぶつけて遊ぶと楽しめる。もちろんぷにぷにするだけでも面白い。
- ❸で上手く固まらなかった時はキッチンペーパーを「こしき」のようにして，洗濯のりを集めて水気を絞りながら固めると良い。

長さ・重さ・水のかさ

40 身近なもので重さをイメージ！

100gチャレンジ

学習内容　第3学年　C測定⑴長さ，重さの単位と測定

つまずき　重さの量感覚が育っておらず，重さのイメージができない。

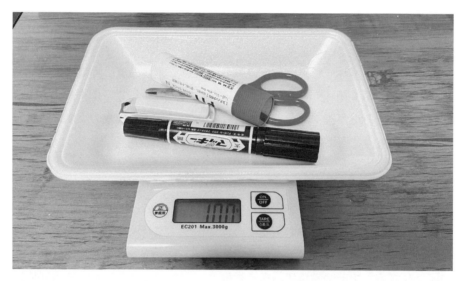

指導のねらい

- 遊びを通して身近なものとその重さを一致させる。
- 重さの予想と確かめを繰り返すことで大まかな量感覚をつかむ。

準備物

- はかり（デジタルスケールの方が視覚的に理解しやすい）
- 身の回りにある色々なもの（1円玉など1gのものがたくさんあると良い）

指導の流れ

❶ ルールを伝える

　はじめに１kgまで量れるはかり，身の回りにある色々なものを用意して子どもに見せます。そして「ぴたりを目指せ！100ｇチャレンジー！」というように発表してルール説明を行います。ルールは簡単。身の回りのものを組み合わせて100ｇちょうどを目指すだけです。

❷ 予想をしてからはかりにのせていく

　ルールがわかったら，身近にあるものを組み合わせて100ｇになるようはかりにものをのせていきます。その時，でたらめに次々とのせるのではなく「これはどれぐらいいきそう？100ｇをオーバーしそう？」と，はかりにのせる前に予想させるとより効果的です。

❸ ものの重さをメモしていく

　はかりにのせた時に何ｇだったのかをメモしていきます。そして，それぞれのものの重さがわかってきたら100ｇを作る時のヒントにします。ここで自然と計算に移行できればより効果的ですが，本来のねらいは重さの感覚をつかむことだけなので無理に計算をする必要はありません。試行錯誤を繰り返して100ｇになる組み合わせを楽しく探してみます。

ポイント

- なかなか100ｇちょうどにならない時は，１円玉やゼムクリップなどの１ｇ前後のものをたくさん用意しておいて，微調整に使うと良い。
- 500ｇや１kgなど，色々な重さにも挑戦してみよう。繰り返し遊んでいくうちに，重さの感覚が身につくほか，重さの計算もできるようになっていく。

長さ・重さ・水のかさ

41 重さの知識と体感がつながる！

重さチキンレース

学習内容	第3学年　C測定⑴長さ，重さの単位と測定
つまずき	重さの量感覚が育っておらず，重さのイメージができない。

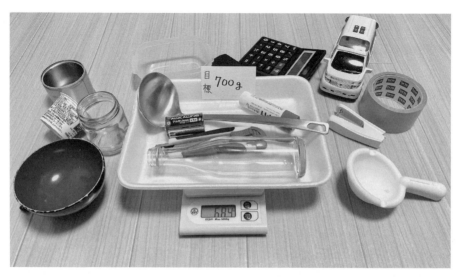

指導のねらい

- 遊びを通して身近なものとその重さを一致させる。
- 重さの予想と確かめを繰り返すことで大まかな量感覚をつかむ。

準備物

- 身の回りにある色々なもの
- はかり

❶ 用意したものを並べる

　はじめに用意したものを机や床の上に並べます。重さチキンレースは設定した目標の重さに一番近くなる組み合わせを探す遊びです。ただし1gでもオーバーすれば失格です。また，上皿の上にのせて重さを量る前に，何をのせるのかをあらかじめ選んでおかなければいけません。

❷ 目標にする重さを決めてものを選ぶ

　ルールがわかったら目標にする重さを決めます。「700g」のように100g刻みで設定しても良いですし，「380g」のように10g刻みで設定しても良いです。はじめは子どもが日常的に触れていて重さをイメージしやすいもの（例：スマートフォン→およそ300gなど）から始めるのも面白いです。目標が決まったら，何をはかりの上にのせるか順番に選んでいきます。選んだものをはかりに1個ずつのせていくのではなく，選び終わってから全部まとめてはかりにのせるということを再度伝えます。

❸ はかりにのせて確認する

　「これだ」と思う組み合わせを選び終わったらはかりにのせます。この時，一つひとつ丁寧にのせるよう指示をしておきます。全てのせ終わったら，何gになったのか重さを確認します。目標値以下ならセーフとして記録しておきます。1gでもオーバーしていればその時点で失格です。選んだものは元の場所に戻しておきましょう。これを繰り返していきます。

長さ・重さ・水のかさ

ポイント

● 何度も繰り返していると，「さっきはこの組み合わせでこれぐらいだったから今度は…」という風に重さの予想ができるようになっていく。

42 まずはかけ算のイメージをつかむ！

たしたしたし算

学習内容　第２学年　Ａ数と計算(3)乗法

つまずき　かけ算の基礎となる同数累加が理解できていない。

---

① 5+5+5= _____

【名前】　　　　月　　日（　）

② 2+2+2+2= _____

③ 5+5+5+5+5= _____

④ 2+2+2+2+2+2+2= _____

⑤ ５ が ２こ で_____　　⑧ ２ が ７こ で_____

⑥ ２ が ３こ で_____　　⑨ ３ が ３こ で_____

⑦ ５ が ４こ で_____　　⑩ ４ が ４こ で_____

指導のねらい

- ３つ以上の同じ数のたし算を通して同数累加の感覚をつかむ。
- 「５が２個で10」のような，単位量と個数と合計の違いを理解する。

準備物

- なし

指導の流れ

❶ 3つ以上の数のたし算に取り組む

　左ページを参考に問題を作成します。3つの数の計算は1年生で既に学習しているはずなので，「5＋5＋5」や「2＋2＋2」はすぐに解けるはずです。それを拡張し，かけ算の本質である「同数累加」のイメージをつかんでいきます。この時，子どもの計算の様子をよく観察しておきます。数が増えた時，明らかに計算に時間がかかるようになった場合はワーキングメモリの弱さが隠れている場合があります。指を使ってクリアできるなら良いのですが，指を使っても難しい場合は「数シート」などの補助アイテムが有効です。

❷ かけ算を言葉で表した問題に取り組む

　3つ以上の数のたし算をクリアしたら，次に言葉の穴埋め問題を行います。ここでつまずく子の多くは「5が2個で10」の場合，5＝単位量，2個＝個数，10＝合計という異なる3種類の数の概念が直感的に理解できず，5・2・10という数字が何を示しているのか混乱していることがあります。その場合は「5が2個で」の後に「⑤⑤」と図のように書いたり，「5＋5」と書いたりしても良いです。その後，「じゃあこれは合わせていくら？」と聞いてあげましょう。

❸ 答えを読み上げていく

　答え合わせができたら子どもと一緒に答えを読み上げていきます。3つ以上の数のたし算も「5が3個で15」というように言い換えると良いです。

かけ算

ポイント

- ここではかけ算の式を書かせず，和だけを求めることに集中する。

43 数シートで遊んで九九を理解！

風船バレーLv.2

学習内容	第２学年　Ａ数と計算(3)乗法
つまずき	プリントや文字だけの学習では理解が難しい。

指導のねらい

- 楽しく遊びながら「同数累加」のイメージをつかむ。
- かけ算につながる「同数累加」を視覚的に理解する。

準備物

- ⓽「数シート」
- 風船

指導の流れ

❶ 得点のルールを決める

　風船バレーを始める前に，「子どもが得点する時は５点ずつ増えていく，大人が得点する時は２点ずつ増えていく」という風に得点加算のルールと目標点数を決めて伝えておきます。目標点数は公倍数になるようにします。

❷ 風船バレーで遊ぶ

　風船バレーで遊んでみましょう。得点計算に隠された同数累加の仕組みこそが本質なので遊びは風船バレーじゃなくても良いです。得点シーンを素早く何度も繰り返したいなら「じゃんけん」，反応速度とビジョントレーニングも兼ねたいなら「あっち向いてホイ」など，子どもと一緒に楽しめる遊びをしてみてください。

❸ 目標点数に達したらもう１ゲーム

　❶で設定した目標点数に達したらもう１ゲーム挑戦してみましょう。先ほどと同じ得点加算ルールで遊んでも良いですし，「５点ずつ増えていくのはハンデが大きすぎるから，今度は４点にしない？」と得点を変えても良いです。「３点と４点」「６点と８点」「７点と９点」のように変えていくと，自然とかけ算の理解につながっていきます。

ポイント

- 得点が絡む遊びなら，同数累加にすることで何でもかけ算につなげることができる。
- 子ども同士のペアやグループで遊ぶ，バスケットボールのようなチームスポーツの得点を変えてみるなど，自由に取り入れてみる。

かけ算

44 夢中になってずっと遊んじゃう！

ムゲン九九キューブ

学習内容　第2学年　A数と計算⑶乗法

つまずき　九九カードなどの学習に集中できない。

 ## 指導のねらい

- 手を動かしながら夢中になって九九を覚える。
- 遊びながら自然と九九を繰り返し見て学習する。

 ## 準備物

- 【DL特典：ムゲン九九キューブ】，テープ
- 3cm角のウッドキューブなど（あれば良い）

❶ ムゲン九九キューブを印刷する

　DL特典のテンプレートを印刷します。ウッドキューブがある場合は普通紙で大丈夫ですが，ウッドキューブを使わない場合は厚手のケント紙など硬めの紙に印刷した方が遊びやすいです。

❷ 線に沿って切り取る

　テンプレートの線に沿って8つのパーツに切り分けます。パーツはサイコロ状の立方体ができるようになっています。各面の折り線のところにカッターナイフなどで軽く切り込みを入れておくと後の作業がしやすくなります。

❸ パーツを組み立てて箱を8つ作る

　折り線で折り曲げながらのり付けしていき，8つの箱を作ります。右の写真の向きになるようできた箱を並べます。

❹ 割り印がつながるところをテープで留める

　箱を正しく配置すると，上下に二分割された割り印が組み合わさって1つのマークが現れます。その位置をテープで留めれば完成です。マークの位置は全部で16か所あります。

ポイント

● 形を変えながらいつまでも無限にパタパタし続けられる不思議なキューブのおもちゃが完成する。目と手を同時に使いながら九九を学習できるほか，集中力アップやクールダウンのアイテムとしても活用できる。

45 新感覚の繰り返し計算学習！
かけ算ルーレット

> | 学習内容 | 第2学年　A数と計算⑶乗法 |
> | つまずき | 単調な繰り返し学習が苦手で九九を覚えられない。 |

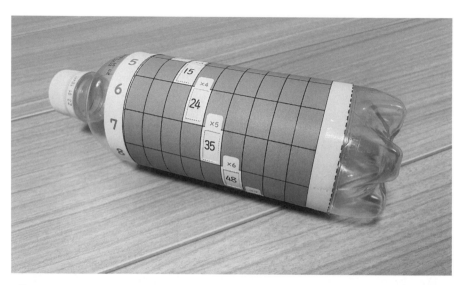

指導のねらい

- 目と手を動かし，体感覚を刺激しながら九九を学習する。
- 見える範囲を限定しながら規則的に並んだ九九表に触れる。

準備物

- 【DL特典：かけ算ルーレット】
- ペットボトル（500mL，炭酸飲料などの丸くて表面に凹凸のないもの）

❶ 作り方に沿ってかけ算ルーレットを作る

　DL特典の「かけ算ルーレット」を印刷します。A4サイズの普通紙で良いです。その後，下記の作り方に沿って制作していきます。

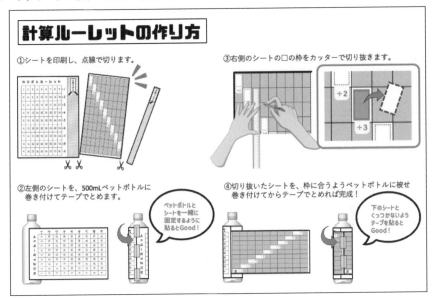

❷ 学習の補助アイテムとして活用する

　完成したら普段のかけ算学習の補助アイテムとして使ってみましょう。問題を出してすぐに見つけられるかチャレンジしたり，窓から見える数をヒントに隠れている部分の数を当てるゲームをしたりしても楽しく学習できます。

● ペットボトルの大きさによっては紙が長すぎたり短かすぎたりすることがある。長い時は切り，短い時は切れ端を貼り付けて足すと良い。

46 指で九九を覚える最終兵器！

九九ワカール手袋

学習内容　第２学年　Ａ数と計算⑶乗法

つまずき　暗唱や暗記で計算することが難しい。

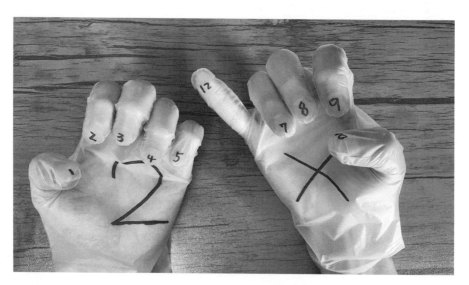

指導のねらい

- 指を動かし，体感覚を刺激しながら九九を学習する。
- 乗数が段階的に増えることで積が増えることを視覚的に理解する。

準備物

- ナイロン手袋
- 黒マジック

❶ 手袋をつけて爪の位置に数字を書く

　まず，手袋をつけた時に手の爪にあたる位置（手の甲側の指先）に左手の親指から順番に数字をマジックで書いていきます。左手親指の爪に１，人差し指の爪に２……と左手小指の爪まで順番に書いたら，次は右手小指の爪に６，薬指の爪に７……と右手親指の爪の10まで順番に書き込みます。女性がネイルを確認するように，手のひらを自分に向けて指を曲げた時，両手で１〜10の数字が見えるようにします。

❷ 指の腹の位置に積を書く

　自分に手のひらを向けて手を広げた時に見える指の腹の位置に，かけ算の答えを書いていきます。例えば５の段を覚えたいなら，左手親指の腹に５，左手人差し指の腹に10……という風に，爪に書いた数字と指の腹に書いた答えが対応するように書き込んでいきます。

❸ 手のひらか手の甲に何の段か書く

　最後に，手のひらの位置か手の甲の位置に「５×」というように何の段の手袋なのかを大きく書いておきます。手の甲に書くと暗唱中は視野に入らないので暗唱に集中しやすくなります。手のひらに書くと暗唱中も視野に入るので詰まった時のヒントにしやすいです。子どもの様子に合わせて調整してください。完成した九九ワカール手袋で練習しても良いですし，「５の指の答えはなーんだ！？」とクイズを出しても面白いです。

 ポイント

- この作り方は，子どもが装着して自分で見ることを想定した作り方なため，大人がつけて対面している子どもに見せたい時は数字の位置を変える。

かけ算

47 かけ算の「大きさ」が一目でわかる！
面積九九シート

学習内容　第2学年　A数と計算(3)乗法

つまずき　九九の暗唱だけでは数量感覚が身についていない。

 指導のねらい

- かけ算九九の答えを一目で確かめながら数量感覚を養う。
- 縦と横の大きさをかけ合わせる「面積」の感覚を養う。

 準備物

- 九九の答えを書いた100マスシート
- 紙や下敷きなどの目隠し用アイテム2枚

❶ 面積九九シートを作成する

　10×10のマスに九九の答えが記載された「面積九九シート」を作ります。正方形のマスに答えを記載することで，かけ算の答えがそのまま面積になります。シート上段と左列にかける数とかけられる数を記載しておき，確かめたい九九に合わせて紙を置いて目隠しをすることで，右下が答えになります。それを見ればかけ算の答えと面積を同時に理解することができます。

❷ 「かけられる数」に合わせてシートの一部を隠す

　シートが作成できたら確かめたい九九の「かけられる数」に合わせてシートの下側の数字を紙で隠します。するとシートの下には，確かめたい九九の段の答えが並んでいるはずです。

❸ 「かける数」に合わせてシートの一部を隠す

　次にもう１枚の紙で，確かめたい九九の「かける数」に合わせてシートの右側の数字を隠します。するとシートの右下には確かめたい九九の答えが表示されているはずです。数値を確かめると同時に，その積の大きさを面の広さ（面積）として捉えることができます。

 ポイント

- ２年生の九九の学習では，正しく覚えることや素早く暗唱することが優先され，数量感覚を育てることが疎かになる傾向がある。この「面積九九シート」を使うことで九九を無機質な音韻として覚えるのではなく，大きさを伴った数量として視覚的に捉えていける。そうすることで，４年生の「面積」の学習をする時の数量感覚が伴っていないというつまずきを先に解消しておくことができる。

活動時間 🕐 **20分**

48 わり算にもつながる九九ゲーム！

くくるん

学習内容 第2学年　A数と計算(3)乗法

つまずき 単調な学習に集中できない。暗唱だけでは理解に至っていない。

クルンと返して楽しく学べる！

くくるん

KUKURUN

32

この数になる九九は2こあるよ

4×8
8×4

カルタ遊びで九九がわかる！
わり算の理解にも繋がる！

指導のねらい

- 遊びながら九九を定着させ，暗唱しなくても答えが出せるようになる。
- 積から数式を導く考え方に慣れ，わり算の理解につなげる。

準備物

- 【DL特典：くくるん】

指導の流れ

❶ くくるんを印刷する

　A4で印刷した後，半分に折り曲げてのり付けしてから切り分けていくことで，表面にはかけ算の答えとなる数字，裏面にはその答えになる九九が書かれているカードになります。くくるんの最大の特徴は1つの九九に1つの答えが記載されているのではなく，1つの答えに対して，同じ答えになる九九が全て併記されていることです。これにより咄嗟に暗唱ができなくて答えが出てこない九九でも，他の九九を見てヒントにしながら答えを類推したり，交換法則を自然と意識して答えを導いたりできます。

❷ 遊び方1：この九九，答えはなーに？

　裏面の九九を見せて，表面に書かれてある答えを当てる遊びです。同じ答えになる九九が複数書かれていることによって，「4×6はわからないけど，3×8はサンパだから，答えは24！」というような考え方ができます。今わかっている九九をもとに，未定着の九九も自然と覚えていきます。

❸ 遊び方2：この数字になる九九なーに？

　表面の数字を見せ，「この答えになる九九は何でしょう？」とクイズを出します。表面には「この数になる九九は○こあるよ」とヒントも書かれていますので，それを手がかりに何の九九になるかを考えます。どれか1つだけを当ててもいいですし，全部当てるチャレンジをしても楽しめます。

ポイント

- 「この数字になる九九なーに？」を繰り返すことで，3年生の「わり算」の理解がスムーズになるほか，5年生の「公倍数・公約数」「約分・通分」もスムーズに理解できるようになる。

活動時間
⏱ **30分**

49 どんなかけ算もバラせば簡単！

かけ算なぞときゲーム

学習内容	第2学年　A数と計算(3)乗法
つまずき	かけ算九九が覚えられず答えが出てこない。

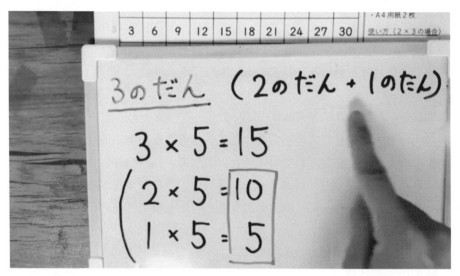

指導のねらい

- 九九を覚えていなくても自力で答えが出せるようになる。
- 9×9よりも数が大きいかけ算の計算につながる考え方を育てる。

準備物

- 09「数シート」，47「面積九九シート」

指導の流れ

❶ 2とびと5とびの数唱を確かめる

　はじめにゲーム（じゃんけんでOK）を通して，「勝ったら2点ずつ増える」という活動をしていきます。「数シート」を使って視覚的に表していくとより効果的です。20点に到達したら「クリアー！おめでとー！ところでこの2ずつ増える数え方ってゲームの前から知ってた？」と尋ねます。知っていたら「じゃあ数シートを見なくても2とびで0から20まで言える？」と聞いて2とびの数唱を確認します。同様に5とびも確認します。

❷ かけ算はたし算に変換できると伝える

　2とびと5とびが確認できたら「すごい！実はこれだけで，あなたは九九を覚えていなくても全てのかけ算の答えが出せます！」と言って，全てのかけ算は2の段と5の段を組み合わせれば作り出せることを伝えます。そして，左ページの写真のように，3の段なら「2の段＋1の段」をすれば答えが出せることを見せて伝えます。

❸ かけ算なぞときゲームに挑戦する

　はじめに3の段で練習します。「3×7＝＿」と出題し，その下に「2×＿」と「1×＿」と書きます。「3×7を解くには，2×何と1×何をすればいいでしょう？」と質問します。子どもが「2×7と1×7」と答えられたら，それを計算して答えを出します。これを全ての段で行います。

ポイント

- 4の段＝2の段＋2の段，6の段＝5の段＋1の段，7の段＝5の段＋2の段，8の段＝10の段－2の段，9の段＝10の段－1の段…と計算できる。また，12の段＝10の段＋2の段と拡張することで筆算にもつながる。

50 かけ算の筆算が苦手ならコレ！

位バラバラかけ算

| 学習内容 | 第3学年　A数と計算(3)乗法 |
| 学習内容 | |

つまずき　2桁以上の数が登場するかけ算の筆算が苦手。

 指導のねらい

- 位をバラバラに計算することで，数のまとまりを意識する。
- 簡単なかけ算とたし算で解けることを知り，自信を育てる。

 準備物

- なし

116

指導の流れ

❶ 筆算を位ごとの数に書き換える

まず，筆算のかけられる数とかける数を「何十（十の位）と何（一の位）」という形に分けます（例：78×64→(70+8)×(60+4)にする）。

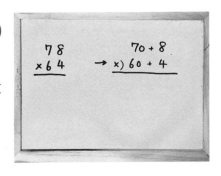

❷ 各位のかけ算をする

筆算をそれぞれの位に分けられたら，まずは一の位同士でかけ算をします。この時，縦に線を引いてそれぞれの位を分ける「部屋」を作っておくとわかりやすくなります。一の位同士のかけ算をした答えの，何十の部分は十の位の部屋に書きます。

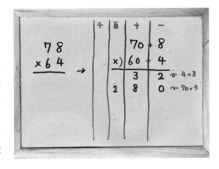

❸ たし算をして合計を求める

❷の手順でかけ算を進めていき，かけ算をした時の答えはそれぞれの位に分けて書いていきます。最後に，これまでに書いた数を各位ごとに足すことで答えが求められます。

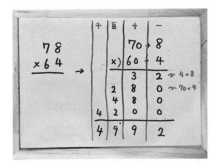

ポイント

- 何十のかけ算がスムーズに計算できるかも同時にチェックできる。難しそうな時は10円玉や100円玉を使うなどの計算補助が効果的。

51 わり算が一瞬で解ける！
×÷コの字変換シート

学習内容 第3学年　A数と計算(4)除法

つまずき　わり算の計算ができない。

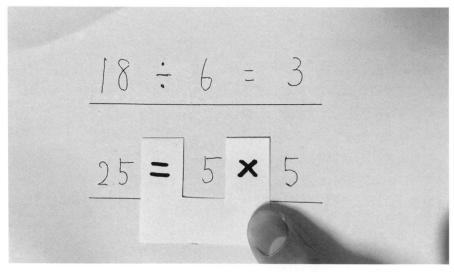

指導のねらい

- 既に理解しているかけ算の知識を活用してわり算に取り組む。
- わり算はかけ算の逆演算であることを体感的に理解する。

準備物

- 紙（小さい切れ端でOK）

指導の流れ

❶ コの字変換シートを作る

わり算のプリントやノートの大きさに合わせて紙切れなどで「×÷コの字変換シート」を作ります。コの字の左凸側に「＝」を，右凸側に「×」を書くだけで OK です。

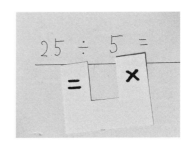

❷ 式にコの字変換シートを重ねる

わり算の式に変換シートを重ねて「A ÷ B ＝ ?」の形を「A ＝ B × ?」という形に変換します。その状態で子どもに質問をして，答えを書き込みます。

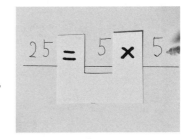

❸ シートを外して答えを確かめる

答えが書き込めたら，×÷コの字変換シートを外して元の状態に戻します。そこで改めてわり算の答えを確かめ，わり算はかけ算の考え方を使って解くことができることを理解します。

 ポイント

● コの字を「ヨの字」にすれば，あまりのあるわり算もすぐに理解できるようになる。

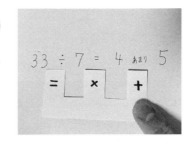

わり算

52 ゲームでわり算がわかる！
ピタリマジック

活動時間
⏱ 10分

学習内容	第3学年　A数と計算⑷除法
つまずき	わり算の計算ができない。

指導のねらい

- ゲーム感覚で遊びながら「同数累減」の考え方を身につける。
- かけ算の知識を活用しながらわり算の計算を理解する。

準備物

- 絵を描いたホワイトボード（絵ではなく，アイコンや文字だけにしても
OK）

120

❶ ピタリマジックのルールを説明する

　次々現れるモンスターを攻撃魔法で撃退していくというルールを伝えます。ただし、「魔法は相手の HP をピッタリ０にする分しかうっちゃダメ。少なかったらモンスターにやられちゃうし、多すぎたら余った魔法が暴走して自分に飛んできて自滅しちゃうよ」ということも伝えておきます。

❷ モンスターを攻撃する回数を決める

　ルールがわかったら問題文を読み、攻撃魔法を何発うつとモンスターの HP をピッタリ０にできるのかを考えます。はじめはミニファイヤのダメージを２に設定すると良いでしょう。

❸ ピタリだったかを確かめる

　子どもが何発かを決めたら、正解を発表するのではなく攻撃しているふりをして確かめていきます。「１発目、チュドーン！HP マイナス２！２発目、チュドーン！HP マイナス２……」と効果音を口に出しながらゲーム風に進めます。モンスターの HP をピッタリ０にできたら見事クリア！多かったり少なかったりした時は、攻撃を受けてしまい失敗です。リベンジしましょう。数値やモンスターを変えながら繰り返し学習していきます。

 ポイント

- １発あたりの与えるダメージとモンスターの HP を増やしていくと、計算の難易度もゲームの世界観もレベルアップしていく。ピタリマジックで学習すると２桁÷２桁のわり算でも暗算でクリアする子が出てくる。
- モンスターの数を増やしても OK。小５以降では「MAX 火力で10ダメージの時、火加減を何％にするか？」という遊びにも発展させられる。

わり算

53 ドキドキするわり算遊び！

すごろく０まで逃走中

学習内容 　第３学年　Ａ数と計算(4)除法

つまずき 　わり算の計算が難しい。

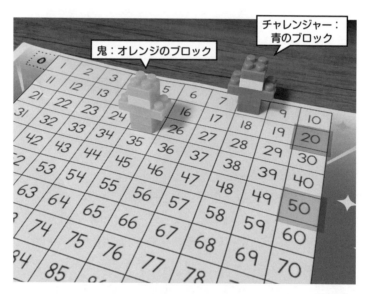

チャレンジャー：
青のブロック

鬼：オレンジのブロック

指導のねらい

- 遊びながら「同数累減」の考え方を体感的に理解する。
- あまりのあるわり算の「あまり」が何かを理解する。

準備物

- ⑨「数シート」
- すごろくのコマに使えるもの

指導の流れ

❶ ルールを説明する

　「数シート」を使って鬼ごっこをします。鬼と，チャレンジャーに分かれます。左ページの写真では，鬼は50から，チャレンジャーは20からスタートしています。鬼とチャレンジャーがじゃんけんをします。鬼が勝ったら0に向かって5マス進み，チャレンジャーが勝ったら2マス進みます。

❷ スタート地点から0に向かって逃げる

　ルールがわかったらスタート地点につきます。スタート地点は進むマスの数の倍数にしておくと良いです。じゃんけんして鬼に捕まる前に見事0に辿り着けたらクリアです。クリア後に「何回じゃんけんに勝ったでしょう？」と必ず質問します。そこで鬼とチャレンジャーが0に辿り着くまでに必要な勝利回数の差によって難易度が変わることに気づかせられたら最高です。次回からは子どもと，どこからスタートするかを相談して決めましょう。

❸ 色々な数にチャレンジする

　色々な数に挑戦して，同じ数ずつ減っていく「同数累減」の考え方に慣れていきましょう。スタート地点を割り切れない数にすることで，「最後のあまったマス＝あまりのあるわり算のあまり」という理解にもつなげることができます。勝負を始める前に「何回勝ったら逃げきれそう？」と予測しておくと良いでしょう。

わり算

ポイント

● ここでは計算よりも楽しく遊ぶことを最優先にする。繰り返し遊ぶことで記憶に残り，計算問題に取り組む時の助けになってくる。

54 あまりのあるわり算も一撃理解！

□はなーに？

学習内容　第3学年　A数と計算⑷除法

つまずき　あまりのあるわり算が計算できない。

$$13 = 2 \times 6 + \square$$

$$22 = 5 \times \square + 2$$

$$31 = 7 \times \square + \square$$

いちばん
小さく
なるように

指導のねらい

- わり算はかけ算の逆演算であることを体感的に理解する。
- 「積にあまりを足す」という考え方を身につける。

準備物

- なし

指導の流れ

❶ あまり部分を空白にした問題を解く

　「□はなーに？」では「A＝B×C＋D」という形をもとにクイズ感覚であまりのあるわり算の学習を進めていきます。この形は「A÷B＝CあまりD」に，そのまま置き換えることができます。まず，プリントやホワイトボードに出題する式を書いていきます。はじめは「13＝2×6＋□」という風に，あまりの部分が空白になっている問題から始めましょう。それをレベル1として10問ほど解いていきます。

❷ 商の部分を空白にした問題を解く

　レベル1に慣れたら，次に「22＝5×□＋2」という風に，あまりのあるわり算の商の部分が空白になった問題をレベル2として出題します。「5の段の中で，2を足して22になるのは…20だから5×4だ！」という考えを働かせることで論理的思考力も育っていきます。これを10問ほど繰り返します。

❸ 商もあまりも空白にした問題を解く

　レベル2もクリアできたら，いよいよ「31＝7×□＋□」という風に，商もあまりも空白になった問題をレベル3として出題します。この時，あまりの部分の□には成立する数式のうち，最も小さい数を当てはめるように伝えておきます。これを繰り返し解いてから，あまりのあるわり算に挑戦すると，悩んでいたのが嘘のように理解ができます。

ポイント

- レベル2やレベル3で子どもの手が止まった時には「7の段の答えで31に一番近くなるのは何？オーバーしちゃダメだよ」などとヒントを出す。それでも難しい場合は，潔く中断して❹❽「くくるん」をすると良い。

活動時間
🕐 **20分**

55 あまりを含む？含まない？
わり算クエスト

| 学習内容 | 第3学年　A数と計算(4)除法 |

| つまずき | 文章題であまりをどう処理して良いかがわからない。 |

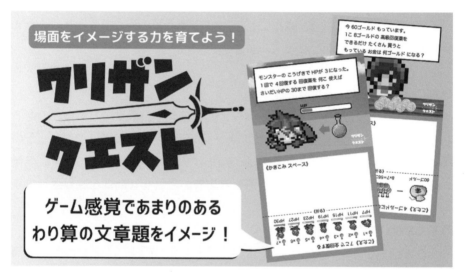

場面をイメージする力を育てよう！

ワリザンクエスト

ゲーム感覚であまりのある
わり算の文章題をイメージ！

今60ゴールド もっています。
1こ 8ゴールドの 高級回復薬を
できるだけ たくさん 買うと
もっている お金は 何ゴールドに なる？

モンスターの こうげきで HPが 3になった。
1回で 4回復する 回復薬を 何こ 使えば
さいだいHPの 30まで 回復する？

《かきこみ スペース》

指導のねらい

- 問題場面をイメージし，あまりを商に含むか否かを判断する力を育てる。
- ゲーム感覚で楽しくあまりのあるわり算の学習をする。

準備物

- 子どもに合わせた問題を事前に作成しておく
- 【DL 特典：ワリザンクエスト】

指導の流れ

❶ 問題場面を作成する

　子どもに出題する問題を作成します。あまりを商に含めないパターンでは，所持金からアイテムを何個買えるかを問う問題，材料から何個の魔法薬を作れるかを問う問題，技を放つために必要なMP（マジックポイント）と現在のMPから何発の技を放てるかを問う問題などが作れます。あまりを商に含むパターンでは，何回攻撃すればモンスターのHP（ヒットポイント）を0にできるかを問う問題，1ターンに3マス進めるとして何ターンで10マス先のダンジョンに辿り着けるかを問う問題，味方のHPを最大まで回復するには回復アイテムを何個使えば良いかを問う問題が作れます。RPGに慣れていない子どもの場合はジャンルを変えて同様の問題を作成します。

❷ 問題に取り組む

　問題文を読んで，現在の状況と何を求めれば良いかを把握します。ただ計算すれば良いのではなく，問題文の「何個買える？」といった言葉に注目し，その質問にきちんと答える形で解答するということを理解させます。

❸ イラストやおもちゃを用いてイメージしながら解く

　問題場面が理解できたら解いていきます。難しくて手が止まる場合は，イラストやおもちゃなどを使って問題場面を再現します。大人が商人やモンスターの役を演じ，子どもをプレイヤーにしてロールプレイングをするとより一層イメージしやすくなります。

ポイント

● モチーフは他にも料理，ネコの餌やり，お店屋さんなど子どもの好きなものに合わせて様々なモチーフを応用することができる。

56 わり算の筆算がわかる遊び！
ギリギリ計算チャレンジ

学習内容	第3学年，第4学年　A数と計算⑷除法，⑶整数の除法
つまずき	大きな数のわり算の筆算が解けない。

指導のねらい

• わり算の筆算で重要な「仮商予測」の力を育てる。

• 計算した「残り」を割っていく，割り進みの感覚を遊びで育てる。

準備物

• 電卓（なくても OK）

❶ わられる数・わる数を設定する

　わられる数（左写真349）とわる数（左写真28）を設定します。トランプを使ってランダムに設定しても良いですし，教科書などの式をそのまま活用しても良いです。この遊びは「わり算を使ったチキンレース」です。わられる数をわる数何回分減らせば，マイナスにならないギリギリまで減らせるかに挑戦します。子どもには左写真の〇の中の部分を考えさせます。3回ほどのチャレンジで見事マイナスにならないギリギリまで減らせればクリアです。

❷ ギリギリになるよう何回わるかを決める

　ルールがわかったら「349から28を何回減らす？」と聞きます。子どもが「300回！」と，とんでもない数を答えた場合は，電卓で計算して349を大幅に超過することを示します。「いきすぎた分8051のダメージ！」と，超過した分だけ子どもにダメージを受けたふりをさせると盛り上がります。こうして349をオーバーしないよう微調整しながら少しずつ減らしていきます。

❸ わった回数を合計する

　3回減らした結果，残りが28より小さくなれば見事クリア。28より大きければ慎重になりすぎていて失敗。マイナスになっても無謀になりすぎていて失敗です。数によっては0でクリアになることもあります。クリアしたら，〇の中の部分の数を合計し，「349÷28＝12あまり13」と書きます。筆算などで計算をして答えが正しいかを確認してから，次の問題に挑戦します。

 ポイント

● 数字だけでイメージすることが難しい子どもには，お金や水を使って数量を示すことでイメージがしやすくなる。

57　分数と小数の変換もバッチリ！

分数・小数パネル

学習内容　第5学年　A数と計算⑷分数の意味と表し方

つまずき　分数と小数の大きさがイメージできず，変換が難しい。

 指導のねらい

- 十進位取り記数法の考え方を視覚的に理解する。
- 0.1と$\frac{1}{10}$，0.01と$\frac{1}{100}$が等しいことを視覚的に理解する。

 準備物

- 【DL 特典：分数・小数パネル】

指導の流れ

❶ 分数・小数パネルを印刷する（図1）

　DL特典の「分数・小数パネル」を印刷し，ハサミやカッターナイフで周りの黒い線を切ります。

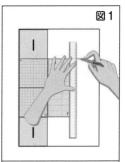

図1

❷ 半分に折ってのりを付ける（図2・図3）

　カットできたら，横半分に折ります。ぴったりと重なるように折り，はみ出た部分をカットして形を整えます。その後，一度開いて裏返します。

　裏面の上半分にのりを付けます。そしてもう一度横半分に折ってしっかりと貼り合わせます。

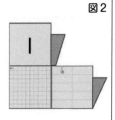

図2

❸ 分数・小数パネルを使ってみる（図4）

　完成すると，1をめくると0.1が10個現れ，更にめくると0.01が100個現れます。裏返すと分数モードになり，1をめくると$\frac{1}{10}$が10個現れ，更にめくると$\frac{1}{100}$が100個現れます。この分数・小数パネルを使い，「0.37を分数で表すと？」といった変換問題や，「$\frac{1}{100}$が25個集まった数は？」といった問題のヒントにします。

図3

ポイント

● 折りたたむように使っても良いが，切り分けて独立したカードとして使用してもわかりやすい。

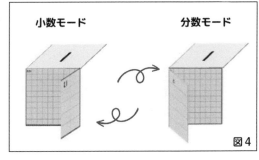

小数モード　　　　　　　分数モード

図4

58 小数のかけ算が一目でわかる！
小数かけ算パネル

学習内容	第5学年　A数と計算⑶小数の乗法，除法
つまずき	小数のかけ算のイメージがわかず，意味がわからない。

指導のねらい

- 小数×小数の計算を視覚的に理解する。
- 1未満の数でかけた時の積が，なぜ元の数より小さくなるかを理解する。

準備物

- 【DL 特典：小数かけ算パネル】

❶ 小数かけ算パネルを作成する

「小数かけ算パネル」は，「かけられる数パネル」と「かける数パネル」の2種類に分けて作ります。「かける数パネル」には窓のような切り抜かれた部分を作り，2枚を重ねた時に小数のかけ算を表す面積図が現れるようにします。この面積図によって小数のかけ算を視覚的に理解できるようになります。DL特典を刷り出してお使いください。

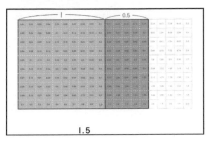
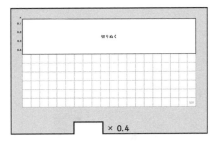

❷ パネルを切り抜く

パネルを印刷し黒線に沿って周りを切り離します。そして上図の「切りぬく」という部分をカッターナイフで切り抜きます。これで準備完了です。

❸ 式に合わせて2枚を重ねる

面積図で表したい式のかけられる数とかける数に合わせて，2枚のパネルを選びます。2枚を重ねて現れた面積図の右下を見ると答えが表示されます。

ポイント

- これまで「かけると増える」という経験を積んできた子ども達にとって，答えが元の数よりも小さくなる小数のかけ算はイメージが難しい。「×0」の時に積がどうなるかを考えると違和感が和らぐ。

59 分数のかけ算が一目でわかる！
分数かけ算パネル

学習内容　第6学年　A数と計算(1)分数の乗法，除法

つまずき　分数のかけ算がイメージできず，理解が難しい。

指導のねらい

- 分数のかけ算を視覚的に理解する。
- 1以下の真分数をかけると積が元の分数より小さくなることを理解する。

準備物

- 正方形で分数を表したシート
- クリアファイル

指導の流れ

❶ 分数パネルを作る

　分数かけ算パネルは，分数の図を描いた紙の上に，分数の図を描いたクリアファイルを重ねることによって，分数のかけ算を視覚的に理解できるようにするアイデアです。まずは分数を正方形の図で表したパネルを作成しましょう。折り紙を切って紙に貼っても良いですし，パソコンの表作成ソフトで正方形の図の列を増減させて作成しても良いでしょう。左ページの写真を参考に作成してみてください。写真のものは A5 サイズで作成しています。

❷ クリアファイルで分数パネルを作る

　紙のパネルができたらクリアファイルを重ねて正方形を写し取ります。その後，正方形を横向きに分割する形で分数を表します（例：$\frac{1}{2}$なら正方形を横向きに二分割します）。線が引けたら分数の大きさ分だけ色マジックで色を塗りましょう。

❸ 紙とクリアファイルを重ねる

　❶と❷で作成した2種類の分数パネルを重ね合わせると，色が重なる部分があります。これが分数のかけ算の積にあたります。左ページの写真では，「$\frac{1}{4} \times \frac{1}{2}$」の結果，正方形を8個に分けたうちの1個分（$\frac{1}{8}$）だけ色が重なっています。このように分数のかけ算を視覚的に表すことができます。

ポイント

- クリアファイルで分数パネルを作成する時は，クリアファイルの下部分を切り落として，大きく広げられる状態にしてから上下を半分に切ると良い。するとクリアファイルの中に❶のシートを挟み込むことができ，手先の不器用な子どもでもパネルがずれず使用することができる。

分数・小数

60 トランプ de 分数！①
分数 de ババ抜き＆神経衰弱

学習内容 第5学年　A数と計算(4)分数の意味と表し方

つまずき　分数の概念が未定着で，約分や通分が難しい。

指導のねらい

- 数字は異なるが，同じ大きさの分数があることを視覚的に理解する。
- 遊びを通して分数の概念を獲得していく。

準備物

- 分数を図で表したカード

指導の流れ

❶ 分数カードを用意する

はじめに分数を図と数字で表したカードを用意
します。学習の一環として子どもに作図させるの
も良いです。その場合は先に円と中心点だけを印
刷しておくと作図がスムーズに進みます。カード
に収録する分数は，約分したら同じ値になるもの
を1つのグループとし，そのグループの枚数が偶
数になるよう調整すると遊びやすくなります。

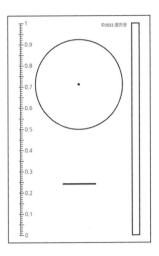

©2022 遊児舎

❷ 遊び方1：分数 de ババ抜き

分数を使ったババ抜きをします。分数カードの他にジョーカーを1枚混ぜ
ておきます。その後，分数カードを集めてシャッフルし，プレイヤーに配り
ます。約分した時同じ値になるものをペアにして2枚ずつ捨てていくことが
できます。図を見比べて同じ大きさになりそうな分数のペアを探すと良いで
しょう。あとはトランプで行うババ抜きと同じルールで進めていきます。

❸ 遊び方2：分数 de 神経衰弱

分数を使った神経衰弱をします。分数カードを裏向きにして全て並べます。
ジョーカーは必要ありません。約分した時同じ値になる分数をペアとして獲
得することができます（例：$\frac{1}{2}$と$\frac{3}{6}$，$\frac{1}{2}$と$\frac{6}{12}$など）。あとはトランプで行う
神経衰弱と同じルールで進めていきます。

ポイント

- 計算に時間がかかる子には，約分した時同じ値になる分数をグループごと
  に分けた「早見表」を自作させると良い学習にもなる。

61 トランプ de 分数！②

分数 de ポーカー＆ブラックジャック

学習内容　第5学年　A数と計算(4)分数の意味と表し方

つまずき　分数の概念が未定着で，約分や通分が難しい。

指導のねらい

• 数字は異なるが，同じ大きさの分数があることを視覚的に理解する。

• 遊びを通して分数の概念を獲得していく。

準備物

• 分数を図で表したカード

❶ 遊び方3：分数 de ポーカー

　分数カードをシャッフルし，プレイヤーにそれぞれ5枚ずつ配ります。この手札を2～3回ほど山札のカードと入れ替えて，ポーカーのように「役」を作っていきます。役は下図を参考にしてください。

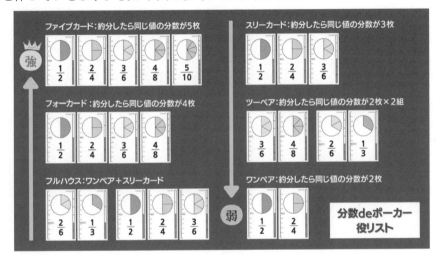

❷ 遊び方4：分数 de ブラックジャック

　分数カードをシャッフルし，プレイヤーにそれぞれ2枚ずつ配ります。この手札を山札のカードと入れ替え，合計した時に「1」になるようなカードの組み合わせを目指すゲームです。1を超えた場合は失格です。通分を覚えた頃に取り組むと，遊びながら分数のたし算を繰り返し学習できます。

● どちらも大人っぽい遊びだが，ルールはシンプルなので子どもでもすぐに覚えて楽しむことができる。大人気分を味わえる♪

分数・小数

62 トランプ de 分数！③

分数 de 大富豪＆スピード

学習内容	第5学年　A数と計算⑷分数の意味と表し方
つまずき	分数の概念が未定着で，約分や通分が難しい。

指導のねらい

- 数字は異なるが，同じ大きさの分数があることを視覚的に理解する。
- 遊びを通して分数の概念を獲得していく。

準備物

- 分数を図で表したカード

❶ 遊び方5：分数 de 大富豪

基本ルールは，場に出ている分数よりも「大きな値」の分数を手札から出し，最初に手札がなくなった人の勝ちです。例えば子どもは「$\frac{12}{24}$と$\frac{2}{3}$」を比べると「$\frac{12}{24}$」の方が大きいと言うことがあります。しかし，「$\frac{12}{24}$」は数字だけ見ると一見大きそうですが約分すると1の半分でしかありません。そのため「$\frac{2}{3}$」の方が大きな分数ということになります。また，約分した時に同じ値になる分数は同時に出すことができます。例えば「$\frac{1}{2}$，$\frac{2}{4}$，$\frac{4}{8}$，$\frac{12}{24}$」の4枚を同時に出し，実際の大富豪のように革命を起こしても良いでしょう。何と何が同時出しできるか，場にある分数より大きな分数はどれなのか考えるうちに自然と理解が深まっていきます。

❷ 遊び方6：分数 de スピード

2人で対戦する遊びです。場に2枚の分数カードを出します。自分と相手の手元には分数カードを裏向きに4枚セットしておき，残りは半分に分けて山札とし，お互いに所持しておきます。合図と同時に手元のカードを表にし，場にある分数と「同じ値になる分数」もしくは「同じ分母の分数」を手元から選び，場の分数に重ねるようにして置きます。空いたスペースには自分の山札からカードを補充します。これを繰り返して先に山札がなくなった方の勝ちです。お互いに手元からカードが出せなくなった時には「スピード！」という合図とともに，山札の一番上のカードを場に出します。

● 高学年に大人気のトランプゲームを分数で再現できるようにした遊び。遊んでいるうちに，分数の数字に惑わされず正しい大きさを理解できるようになる。その数感覚が今後の学習の土台になる。

分数・小数

おわりに

　「子どもが勉強しようとしません」「学習障害などの特性がある子どもが楽しく学ぶにはどうすればいいでしょうか？」そんな悩みの声が毎日のように届きます。この本を手に取ってくださったあなたも，「子どもに楽しい学びを届けたい」と日々思っていらっしゃるのではないでしょうか。

　「これさえすればどんな子にも絶対有効！100%夢中で勉強し始める！」という魔法のような学習方法はありません。だからこそ皆さんも日々頭を悩ませながら目の前の子どもに最適な答えを探しているはずです。

　僕もこれまで教育に携わってきた14年の間，ずっと頭を悩ませてきました。そうして積み上げてきたアイデアを，様々な理由で学習につまずいてしまう子ども達のために日々奮闘しておられる皆さんにも活用していただきたくて本書を執筆いたしました。
　しかし，先述したように「どんな子にも100%有効な魔法の学習法」はありません。本書のアイデアも，僕が出会ってきた子どもには有効であっても皆さんの目の前にいる子どもにはわかりません。教育実践の方法が書かれた本などを読んで「うちの子にはこんなに上手くいくわけないよ？」と思うことはありませんか。僕はとてもあります。

　本書で紹介したアイデアも，子どもの実態に合わせ，学習の導入を工夫する必要があるのか，活動のゴールを変えた方が良いのか，子どもの好きなテーマやモチーフをミックスするのか，教材の大きさや材料を変えた方が良いのか，体を大きく動かす内容にできないか，本書には掲載していないアイデアを試す必要があるのではないか等，個々に合わせることが重要です。
　そんな日々生まれる学習の悩みを，個々に合わせた具体的な方法で解決し

ていくため，2022年に「デキルバ」という学習サポートコミュニティを創設しました。

「デキルバ」では本書で書ききれなかったものも配信中

デキルバは，夢中になれる学習の体験ができ，24時間いつでも学習の相談ができ，そして解決できるオンライン上の学びの場です。

70種類以上（データ総数800点以上）のオリジナル教材を自由にダウンロードできるほか，質問掲示板でいつでも学習の悩みを相談して解決することができます。創設から4か月で130名もの方が登録してくださり，保護者・教員・塾講師など様々な立場の方が日々の学習に役立ててくださっています（教材数と会員数は本書執筆時の2023年2月現在のもの）。

デキルバでは算数に限らず，本書で紹介しきれなかった教材や学習アイデア，支援方法も日々配信しており，ライブ授業も受講していただけます。

本書でご紹介したアイデアの更に深いポイントを解説しながら実際に学習を進めていく体験会も開催しています。申し込みは右のQRコードを読み取るか，インターネットで「デキルバ」と検索してください。

著者　中道　貴洋

【著者紹介】

中道　貴洋（なかみち　たかひろ）

元小学校教員。通常の学級担任や特別支援学級担任を経験。教科書通りの学び方では理解が難しい子でも楽しく学べる方法を模索するが，学校で個別のニーズに合わせた学習支援を行うことは様々な障壁や限界があると感じ，児童発達支援の事業所に転職。２歳〜18歳までの児童を対象に年間700件以上の支援を実施。専門知識と柔軟なアイデアで個々の特性に適した学習支援を行えると利用者から高い評価を受ける。行政からの信頼も厚く，市内の学校園に学習支援の助言をする業務も任される。

14年間の教育キャリアで出会ってきた，教科書通りの教え方では理解が難しい子，学習につまずいて自信や好奇心を失ってしまった子，そして我が子の将来を不安に思っている保護者の力になりたいと思い独立。遊びで学ぶ夢中体験をオンライン上で共有する「デキルバ」（https://dekiruba.com/）を設立。サービス開始わずか３か月で会員数が100人を超える。Twitter やYouTube などのSNS 総フォロワー数は13,000人を超える。楽しく学びたいと思っている子ども達が夢中で学んで成長でき，未来に希望が持てるような社会を目指して精力的に活動中。

【教材製作協力】　髙木　大和
❺❺「わり算クエスト」

特別支援教育

苦手さのある子も夢中になる
算数遊び＆教材アイデア

2023年８月初版第１刷刊	©著 者	中　道　貴　洋
2024年８月初版第４刷刊	発行者	藤　原　光　政
	発行所	明治図書出版株式会社

http://www.meijitosho.co.jp
（企画）佐藤智恵（校正）武藤亜子
〒114-0023　　東京都北区滝野川7-46-1
振替00160-5-151318　電話03（5907）6703
ご注文窓口　電話03（5907）6668

＊検印省略

組版所　藤　原　印　刷　株　式　会　社

本書の無断コピーは，著作権・出版権にふれます。ご注意ください。

Printed in Japan　　　　ISBN978-4-18-322825-3
もれなくクーポンがもらえる！読者アンケートはこちらから
→